이희숙 문학기행 모음집

문학의 오솔길

사람의 부귀영화는 자연으로 돌아가고 없으나
자연만은 영원하다는 걸 새삼 깨닫는다
어리석고 어리석다 되뇌며

한누리미디어

차례   이희숙 문학기행 모음집 _ 문학의 오솔길

제1부 문인들의 발자취를 따라서

청하백일장을 마치고 · 1 ········· 12
청하백일장을 마치고 · 2 ········· 14
청하백일장을 마치고 · 3 ········· 16
청하백일장을 마치고 · 4 ········· 19
합천 해인사로 ················ 22
합천 영상 테마파크로 ············ 24
조지훈 문학관으로 ·············· 26
제주문화원 세미나에서 · 1 ········ 29
제주문화원 세미나에서 · 2 ········ 32
봉평에서 청령포로 ·············· 35
강릉 문학기행 ················· 38
포은의 충렬서원과 처인성을 찾아서 ······· 41
심곡서원을 찾아서 ·············· 44
야생화를 따라서 · 1 ············ 47
야생화를 따라서 · 2 ············ 51
야생화를 따라서 · 3 ············ 54
야생화를 따라서 · 4 ············ 56
야생화를 따라서 · 5 ············ 58
야생화를 따라서 · 6 ············ 61

차례

야생화를 따라서 · 7 ········· 63
야생화를 따라서 · 8 ········· 65
백령도로 ··················· 67

제2부 자연을 벗 삼아 인생을 여행하다

홍천 힐리언스에서 · 1 ············ 72
홍천 힐리언스에서 · 2 ············ 81
알래스카 크루즈 여행 ············· 90
크로아티아 등 중부유럽 여행 ······ 112
모알보알 사마비치 여행 ··········· 127

제3부 우리 땅 걷기

남강 첫 번째 길 ·············· 146
남강 두 번째 길 ·············· 149
남강 세 번째 길 ·············· 152
낙동강 개비리길을 걷다 ·············· 154
중학교 모교가 있는 영산으로 ·············· 156
도동서원으로 ·············· 158
병산서원과 하회마을로 ·············· 160
섬진강을 걷다 ·············· 162
질마재 고개를 넘다 ·············· 164
진도로 ·············· 166
소록도로 ·············· 169
청산도로 ·············· 172
철원 월정역으로 ·············· 174
남한산성을 걷다 · 1 ·············· 176
남한산성을 걷다 · 2 ·············· 178

이희숙 문학기행 모음집
문학의 오솔길

제1부

문인들의 발자취를 따라서

청하백일장을 마치고 · 1
- 마곡사로

640년에 신라 고승인 자장율사가 창건한 천년 고찰 마곡사로 향한다. 들어가는 숲길은 그리 높지도 낮지도 않은 눈높이로 둘러쳐져 있어 편안함을 더해 준다. 극락교 지나 해탈문에 다다르니 가을 정취를 안고 흐르는 냇물에 나무들도 냇물 따라 붉게 물든 가을옷마저 떠나보내며 해탈을 연습하고 있다. 다 내려놓고 떠나라는 부처님의 도량이 그리워서 찾아왔나 보다.

산사 계곡물은 차가운 알몸이다
낙엽 한 장 걸친 옷마저도
다 내려놓았다

나무가 쓰다만 낙엽 한 장

마곡사 극락교

그마저도 무거운 양 두고 흘러만 간다

– 시 〈작은 계곡〉 일부

　매월당 김시습이 머물렀으며, 백범 김구 선생이 명성황후가 시해된 1896년 일본군 중좌를 죽이고 사형수로 복역하던 중 교도소를 탈출하여 마곡사에서 은신하다가 상투를 삭발하고 원종이라는 법명으로 출가한 사찰이기도 하다.

　산길을 따라 한참을 들어가니 극락교가 세상 짐 다 내려놓고 들어오라며 손짓한다. 천왕문과 일주문을 들어서니 과연 내가 다 내려놓을 수 있을까? 김구 선생이 심은 나무는 사람은 가고 없어도 푸르게 자라고 있다. 사람의 부귀영화는 자연으로 돌아가고 없으나 자연만은 영원하다는 걸 새삼 깨닫는다. 어리석고 어리석다 되뇌며 터덜터덜 내려온다.

청하백일장을 마치고 · 2
- 윤봉길 기념관으로

　공주대학교 예산캠퍼스에서 전국에서 많은 학생들이 제출한 작품을 심사한 청하문학상 시상식을 마치고 예덕 상무사 보부상裸負商 유품전을 둘러보며 그 옛날 보부상 조직이 얼마나 끈끈하게 이어졌는가?

　첫째 망언하지 말 것, 둘째 행패부리지 말 것, 셋째 도적질하지 말 것, 넷째 간음하지 말 것, 이 4가지 계명을 두어 엄격하게 준수하고 이를 위반하는 자는 벌목을 두어 징치하여 질서를 지켰으며, 환난상구患難相救를 두어 최선을 다 하지만 운이 따르지 않으면 장사밑천을 털릴 수도 있다. 이때 십시일반으로 밑천을 도와 재기시켜 주는 일이다. 윤봉길 의사는 마을 주막을 오가는 보부상들을 통해서 독립운동에 관한 정보 및 각종 책, 신문 등 필요한 자료들을 구해서 독립을 향한 다양한 활동을 전개하였다.

예덕 상무사 보부상촌

　보부상의 기록은 1851년 한산 김상열로부터 시작되었다. 접장은 1년 동안 모든 시장의 제반 상황 등을 관리한 것을 기록한다. 보부상들은 정부로부터 협조명령도 받는다.
　1910년 일본이 무력으로 조선을 통치하면서 소지하고 있던 모든 문서가 소각되었으나 예덕 상무사의 사원寺院만 추녀와 마루 밑에 보관하였다가 오늘날 전해지고 있다. 경남 의령에도 보부상이 있어 곽재우 장군의 활약에도 많은 도움이 되었다. 병구사장病救死葬을 두어 동료들의 굳건한 우애로 병든 자는 치료해 주고 죽은 자는 장사지내 주는 것을 미덕으로 삼았다.
　전시관을 둘러서 나와 식당에 앉으니 수원파 일당을 완전히 소탕했다는 뉴스가 보도되고 있다. 그들은 유령회사를 차려 놓고 건설현장 식당 상가 등을 점거하고 행패를 부린 깡패들이다. 특히 건설현장 밥집 운영권에 경찰 간부가 개입되어서 구속되는 것을 보고는 그 옛날 보부상의 상도의를 되돌아보게 된다.

청하백일장을 마치고 · 3
— 견성암으로

 올해는 유난히 들뜬 청하문학 백일장 시상식이다. 문화부 장관상을 받게 되면 대학입시에도 크게 반영이 된단다. 성기조 박사님의 자취를 따라 예산 시내를 돌아본다.
 박사님의 시비가 우리를 반기고 있다. 〈고향 가는 길〉, 〈소쩍새〉, 〈시냇물 소리〉 등 시를 쓰신 박사님은 예산이 낳은 큰 별이다. 우리는 부처를 실은 마부가 되어 우쭐대면서 다녔다.
 사찰을 오르는 입구에는 충남청하문학회원들의 시낭송회가 열리고 있다. 참새가 방앗간을 못 지나가듯이 시 한 수 낭송하고는 수덕사로 향한다.
 "나 시집 보내줘"라 마지막 숨을 거둘 때 말할 수 있는 일엽스님의 진솔한 사람 냄새에 중생들이 따르고 그를 추앙한 것이 아니었을까, 하고 길을 오른다.

수덕사 견성암 원통보전

 입구에서부터 미술관 주변에 전시되고 있는 조각상들은 엄마가 아이를 안고 있는 것도 있고 유난히 큰 여성과 남성상이 뒤엉켜 있는 작품도 있다.
 이런 조각상을 보며 여기가 여승들만 수도하고 있는 사찰이 맞나 잠시 의아해진다.

    끊이지 않고 쉬지도 않고
    낮은 곳으로 낮은 곳으로

    그건
    물의 속성인가 했더니

지친 걸음을
물은 물 위에 뉘인다
  - 시〈작은 계곡〉일부

　일엽스님이 평생 속앓이를 스스럼없이 말하고 떠날 수 있었던 이 사찰에 오늘도 중생들이 찾아와 자기를 풀어놓고 갈 것이다. 초파일이 한참 지났는데도 소원을 담은 연등이 줄지어 매달려 있다. 사람은 갈망으로 무언가 채워지기 바란다.
　가진 자는 더 가지려, 출세한 자는 더 높은 욕망의 자리로 연등에 소원을 담아 부처님께 빌고 있다. 바위를 끝없이 끌어 올려야 하는 '시지푸스' 처럼 어떤 것에 빠져서 허우적거리다 삶을 마감하는 것 일는지도 모를 일이다. 어차피 무엇에 빠져서 살다 간다면 'Bring in love' 사랑의 늪에 빠져서 살다 가고 싶다.
　일엽스님의 "나 시집 보내줘"라고 말했다는 소리가 잔잔히 수덕사의 초여름 밤 비릿한 풀 냄새에 얹혀 나그네의 발길도 머문다.

청하백일장을 마치고 · 4
— 추사 고택으로

　올해 장원을 한 수상자는 학생이 아닌 대구에서 올라왔다는 30대 후반의 아주머니다. 매회마다 향상된 작품이 나온다는 심사평으로 시상식 행사를 마치고 추사기념관으로 향한다.

　추사 김정희는 100개의 벼루에 구멍이 날 때까지 먹을 갈아 붓글씨를 썼단다. 나는 몇십 년 전 붓글씨를 배운다며 선생님의 견본서체를 따라 써보다 그만두었다.

　그 후 아파트에서 하는 붓글씨반에 들어가 다시 시도해 보았으나 도저히 따라 쓸 수가 없었다. 끈질기지 못한 성격 탓도 있겠지만 이걸 왜 이 많은 시간을 들여가며 서체를 따라 써야 하나 질문을 던진다.

　사람마다 제각기 개성이 있는데 도대체 남의 글씨를 왜 똑같이 반복해서 써야 하나 변명 하나 남기고 접었다.

너는 가지런히 결대로 가자 하고
금시 어긋남으로 홱 토라져 버리는

심장의 고동 소리 손끝에 흐르지 않을 땐
따라올 듯 돌아서 버리는 붓끝

- 시〈붓〉일부

 그 엄청난 인내의 결과로 오늘 추사 김정희를 낳게 한 것에 우리는 경의를 표하면서 유품들을 둘러 본다. '세한도歲寒圖', 그림 한 장에 절묘하게 마음을 다 표현할 수 있었을까? 글로 표현해도 다 할 수 없는 노릇인데 글자 하나에 마음이 고스란히 담겨 있다.
 추사의 제자 이상적이 청나라 연경에서 구해온 책을 제주도에

추사 고택

위리안치된 스승 추사에게 보냈다. 그 고마운 뜻을 담아 그린 추사의 세한송歲寒松이 생애 최고의 걸작품이 되었다.

　유배지 집 앞뜰에 서 있는 사철 푸른 소나무 한 그루, 잣나무 두 그루에 추사의 마음을 담아 그린 그림이다. 언젠가는 귀양살이에서 풀려나 한양으로 돌아갈 것을 소원하면서 집 앞뜰에 파릇하게 돋아나 풀잎에 본인의 마음을 담아 그린 그림을 우리는 둘러본다. 추사가 쓴 '춘풍대아능용물春風大雅能容物'의 뜻은 '봄바람처럼 고운 마음은 만물의 모든 것을 용납한다'는 뜻이다.

　얼굴 용容자는 기뻐서 출렁이는 것처럼 썼다. 갓머리 밑에 여덟 팔八자는 위로 웃는 모양으로 쓰여져 있고, 화난 표현은 옆으로 삐쳐서 썼다. 당대의 풍운아 홍선 대원군과도 일찍 교류한 추사는 어떤 형식에도 매이지 않고 자기만의 서체를 제주 유배 동안 완성할 수 있었다.

　기존 틀을 깨고 새로운 기법으로 써보라고, 튀는 글을 써보라고 청하 성기조 박사님은 주문하신다. 요즘 세태는 논술이 대세다. 글쓰기를 가르치며 아이들을 일정한 틀에 옥죄는 일들이 일어나고 있다. 세계적인 첼로의 거장 장한나, 그녀의 미국인 스승이 하버드대 철학과를 추천한 속 깊은 뜻을 우리는 직시해야 할 것 같다.

　조지 소로스처럼 자연으로 돌아가 새로운 발상으로 튀는 글을 써보아야겠다며 추사 고택을 돌아서 나온다.

합천 해인사로

청하아카데미 회원들과 문학기행을 나선다. "너희가 천국에 들어가려면 어린아이로 돌아가지 않으면 안 된다"고 한 성경 말씀처럼 '해인삼매' 부처가 이룩한 깨달음에 일체의 것들이 돌아가야 하는 근원이며 본래의 모습의 뜻을 가진 뜻으로 이름 지어진 해인사로 간다.

>   어인 일이 옵니까
>   임의 누더기 바랑이
>   삭아 떨어져
>   소리 없이 내립니다
>
>   – 시 〈해인사에서〉 일부

팔만대장경 장경판전

　무엇보다 빼놓을 수 없는 팔만대장경이 보관된 해인사는 삼재가 없다는 곳이다. 장경각藏經閣에 보관된 팔만대장경은 천 년이 지났지만 경판이 새로 새긴 것 같단다.
　날아가는 새도 이 장경각을 피해서 기와지붕에는 앉지 않는다고 한다. 참으로 기이한 일이다.
　새가 지붕 위를 날아가지 않을 리가 만무한데, 불교경전은 나는 새도 알아보는 진귀한 것이니 감탄하지 않을 수 없는 노릇이다. "보고 믿는 자보다 안 보고 믿는 자가 복이 있다"는 성경을 떠올려 보면서 날아가는 새들도 부처님을 경외하고 있구나, 싶다.
　축구경기를 하기 위하여 축구장에 남문 북문 동문 서문 들어가는 문은 달라도 그 안에서 펼쳐지는 경기는 하나이듯 사람이 만들어 낸 종교는 달라도 종교가 추구하는 궁극의 목표는 '하나다, 모두는 하나다' 하면서 붉게 물든 해인사 계곡을 따라 내려온다.

합천 영상 테마파크로

어제 그렇게도 맑던 하늘이 합천 영상 테마파크에 들어서니 함박눈이 내려 땅을 덮는다. 눈발이 흩날리는 가호역에 들어서니 전차가 손님을 기다린다. 경성역, 중앙우체국 현수막에 쓰여진 자기앞 수표, 종로경찰서, 아마데우스, 국도극장, 정동貞洞구락부, 이화장, 조흥은행朝興銀行, 경성일보京城日報, 서울 홍신소, 용암탕, 가발 여공모집, 건물들과 간판들은 우리를 100년 뒤로 돌려놓았다.

모두 어리둥절할 수밖에 없었다. 우산 살대가 휘어질 만큼 눈발이 거세게 내린다. 순식간에 우산에 쌓인 눈을 털어 내어도 또 가득 쌓인다. 모두는 발이 시려 동동거리며 황강으로 향한다.

산처럼 물처럼
황강에 떠 있는 부표 하나

바랑이*는
조각조각 삭아 떨어져
소리 없이
함박눈으로 내립니다

– 시 〈합천 황강에서〉 일부

*바랑이: 스님들이 입는 옷

눈 내리는 황강은 나의 발목을 잡고, 강 한가운데 외로이 떠 있는 섬의 운치는 저 아득한 먼먼 옛날로 나를 데려다 놓는다.

성철 스님의 "산은 산이요 물은 물이로다"처럼 눈은 내리어 황강에 물은 물이로다.

합천 황강 카누 체험

조지훈 문학관으로

　영양군의 초청으로 조지훈(趙東卓, 1920~1968) 문학관을 찾아간다. 문필의 고장으로 간다며 들뜬 마음이다. 반가운 사람들과 얘기 나누다 보니 벌써 영양군의 이정표가 눈에 들어온다. 차창 밖으로 보이는 좁은 길이 있다. 산길을 돌아가니 주실 마을이 눈 앞에 펼쳐진다.
　이곳은 개혁파 조광조의 후손들이 환란을 피해 이곳으로 이주해 와 모여 사는 한양조씨 집성촌이다. 일제강점기에도 창씨개명하지 않고 버텨낸, 조상이 내려준 이름을 굳건히 지켜낸 곳이다.
　호은종택, 옥천종택, 지훈 시인이 공부한 월록서당 등 고택은 황토 담으로 한결 운치를 더해 준다. 특히 옥천종택은 6.25때 자결한 조지훈 시인의 조부 인석寅錫과 지훈의 산실이다.
　종택을 돌아서 조지훈 문학관에 들어서니 사진 속에 '청록파의

조지훈문학관 주실마을 숲

거장 조지훈, 박목월, 박두진' 세 분이 서로 다른 색깔의 모습으로 우리를 반긴다. 투병 중에 여동생과 같이 낭송하였다는 〈낙화〉가 은은히 들려온다.

"피었다 몰래 지는 고운 마음을, 흰무리 쓴 촛불이 홀로 아노니"

시인도 꽃 지는 소리 하도 가늘 듯 그도 꽃잎처럼 살포시 가셨다. 아니 가시지 않았다. 한국문단의 거목으로 우리 곁에 영원히 계신다고 말하며 문학관을 돌아 나오는데 사진 속 아버지와 꼭 빼다 닮은 장남인 광렬光烈 선생이 때마침 미국에서 와서 기다리고 계신다.

선친의 후배 성기조 박사님이 방문하신다기에 뵈러 왔다며, 청하문학 회원들과 함께 사진으로 남기고 음식점 디미방에 들렀다. '디미방'은 이문열 작가의 조모인 안동장씨 정부인의 음식조리서

음식조리서 '디미방'

다. 구전으로 음식 만드는 비법이 전해졌으나 이렇게 기록으로 남겨진 것은 처음이란다.

  칠첩반상을 받고 보니, 이 아니 부처를 실은 마부가 아닐쏘냐? 꿩고기를 가늘게 다져 만든 만두와 떡국이 나왔다. 어릴 때 떡국에 넣어진 꾸미로 먹어 본 맛을 떠올리며 오늘 귀한 꿩요리를 맛본다.

  두들 마을은 고인이 된 조지훈과 살아계신 이문열 작가가 이곳에서 태어나고 자랐다. 앞산 일월산에 해가 뉘엿뉘엿 저물어 문필봉, 노적봉, 연적봉으로 넘어가고 있다.

제주문화원 세미나에서 · 1

　대전에서 또는 지방에서 온 회원들은 첫 비행시간을 맞추기 위해 공항 가까운 찜질방에서 자고 왔단다. 모두가 수학여행을 가는 설렘으로 바다 건너 제주도로 간다. 한 시간을 날아서 도착하니 여기는 열대림 야자수 나무들이 촉촉하게 비를 머금고 서서 우리를 반겨 준다.
　박정희 대통령이 묵었다는 하니호텔에 여장을 풀어 놓고 제주문화원으로 향한다. 부슬부슬 내리는 빗속의 천지연 폭포는 우리 사는 얘기를 끊임없이 하늘로 퍼다 올린다. 지상과 천상의 조화가 저토록 아름다울 수가 있나 하면서 길을 걷는다.
　30여 년 지난 세월 천지연은 변함없네, 저 멀리 배에 돌을 묶어 띄워 놓고 낚시를 하였던 기억들, 한라산 오를 때 경중경중 뛰놀던 사슴들, 백록담 맑은 물을 보고 눈에 담고 내려오는 영실고개는 검

제주 용두암

은 돌이 깔려진 돌길이었다. 돌은 흙처럼 사람의 무게를 받아주지 않았다. 너무나 다리가 아파 누가 업고 내려가 준다면 백만 원짜리 계를 타서 주겠노라 말했던 지난날의 잔상들이 어느새 뼛속을 후빈다.

빗속을 달려 바람과 해녀의 이야기가 있는 제주문화원으로 간다. 하늘을 날을 듯 용두암은 바다를 호령하고 파도를 잠재운다. 신상범 제주문화원 원장님은 서울에 오실 때마다 제주 밀감을 갖고 와 매번 우리를 즐겁게 해 주었다. 이번에는 아들까지 동행해서 이곳저곳을 안내해 주며 바람의 축제를 알려주신다.

시민과 관광객들이 한데 어우러져 바람의 소리를 들을 수 있도록 설계된 해변공연장은 무척 이채롭다. 관광객들을 배려한 해변무대공연장은 실용적이고 아름다웠다.

아홉 번 숨 몰아쉰 물질로
열 번째 숨을 모두고
물 위로 솟구쳐 올라온
열한 번째 내뿜는 숨은
피안서 돌아온 환희의 미소다.

– 시〈제주 해녀〉일부

  향토문화 발전 세미나 특강을 위해서 초청된 성기조 박사님과의 동행이다. 호텔 별관을 가득 메운 제주 지역 문인들을 보고 깜짝 놀랐다. 서울에서도 문학 강의에 이렇게 사람들이 많이 모이지 않는데 현직에 계신 교수님들, 은퇴한 교수님들, 또는 서울에서 내려와 여생을 고향의 향토문화 발전을 위하여 왕성한 작품 활동을 하고 계신 분들이다.

  세미나가 끝나고 계속되는 질문 공세에 보다 못한 우리는 새벽같이 일어나 첫 비행기를 타고 온 젊은 우리도 피곤한데, 팔순의 박사님을 조금도 고려하지 않는다며 항의를 했다.

  마지막 질문까지 거침없이 대답을 쏟아내는 박사님의 답변에 모두가 큰 박수와 환호로 막을 내리고 제주의 첫 밤을 맞는데 야참으로 싱싱한 회를 준비하였다는 전갈이다.

제주문화원 세미나에서 · 2

이른 아침에 일어나 호텔 주변을 산책하다 발견한 삼성혈에 들어가서 제주의 3성姓 고씨, 양씨, 부씨 시조가 솟아났다는 3개의 구멍을 둘러 본다. 호기심 많은 학자들은 어떤 유물들이 소장되어 있을까 하며 구멍을 파 보고 싶어 한단다. 아침 산책으로 삼성혈 경내를 돌아보고 숙소로 향한다.

조식 후 길을 달려 추사기념관에 도착했다. 대문의 정낭 3개 막대기는 추사가 멀리 출타 중임을 가리키고 있다. 집 담장엔 탱자나무가 그때의 위리안치를 말해 주고, 뻘기가 가지런히 누워서 살랑살랑 인사를 한다. 더디 찾아오는 평생지기였던 초의선사를 서운하게 생각하고 있을 때 와서 차를 무척이나 좋아한 추사의 찻잔에 찻물이 넘쳐도 멈추지 않고 따르는 것으로 깊은 속내를 대신하였다.

제주 가파도와 올레 8코스

    그런 후 다 내려놓고 좋은 날을 기다리라는 충고를 남겼단다. 그때를 재현해 놓은 두 사람의 형상을 보고 돌아서 나온다. 추사체를 완성하고 다 이루었다며 9년의 유배를 마치고 돌아오는 길에 다산 정약용 선생을 만난 추사는 강물 같은 다산의 목민심서, 경세유포, 흠흠심서 등에 고개를 숙였다는 일화를 떠올려보며 추사유배지를 나와 가파도로 향한다.
    서둘러 선착장에 도착하니 같은 제주도에서도 두 시간씩 배를 타고, 또 택시로 청하 선생님을 뵈러 왔다는 제주 섬 이장님 청하문학회원과 함께 가파도를 향한다.
    "이어도 사나, 이어도 사나."
    풍랑에 실려 오는 노래 따라 가파도 선착장에 닿았다. 올레길 창시자 서명숙 이사장의 남동생이 나와서 우리를 맞이해 준다. 식당에 도착하니 갓 잡아 올린 전복, 해삼, 잡어로 마련한 풋풋한 점심을 먹고 올레길을 걷는다.

"히이잉 히이잉."

제주바람은 여인의 한을 노래하고 골총에 묻힌 저들의 못다 한 이야기 들으며 숭숭 뚫린 현무암 돌담장에 숨은 이야기 하나 묻어 둔다.

골총*에 묻힌 혼백은
찾아올 이 없는 기다림을
바람결에 실어 보내고
바람은 원혼을 달래며

휘이잉 휘이잉

– 시 〈가파도에서〉 일부

*골총: 돌무덤으로 후손이 없는 무덤

가파도를 나와서 워크샵이 열리는 호텔로 향한다. 둘째 밤은 제주향토문화연구회 회원들과 제주문화원 회원들과의 친선 잔치다. 저들의 고전무용과 창으로 한껏 잔치가 무르익는다.

우리 회원들도 고전무용과 시낭송으로 화답하였다. 제주향토문화연구원 김봉오 회장님의 극진한 대접을 받으며 나는 또 마부가 되어 우쭐거린다.

봉평에서 청령포로

 평창 동계 올림픽 장소 선정을 앞두고 강원도에서 문인과 사진 작가들이 와서 좋은 글로, 또는 아름다운 풍경을 글과 사진에 담아서 홍보해 달라는 뜻으로 초청장이 왔다. 서울 프레스 센터 앞까지 버스 두 대와 문화해설사와 함께 온 차량을 타고 우리는 강원도로 향한다.
 강원도가 낳은 이효석의 〈메밀꽃 필 무렵〉의 봉평에서 장돌뱅이 허 생원과 조 선달과의 대화 중 봉평장을 한 번도 거르지 않고 다닌다는 이유를 엿듣는다.
 허 생원이 밤중에 홀로 개울가로 목욕을 하러 갔다가 옷을 벗으러 물방앗간에 들어갔을 때 순간 깜짝 놀랐다. 형편이 어려워 들고 날 판인 성 서방네 처녀가 거기에서 울고 있었다.
 처녀의 사정을 들어본 허 생원과 성 처녀는 하룻밤을 보냈다. 날

영월 선암마을 한반도 지형

이 밝자 장돌뱅이로 떠났던 허 생원이다. 아버지를 모르고 자란, 왼손잡이 젊은 장돌뱅이 동이와의 관계를 떠올려본다. 어찌 그리도 절묘하게 소설을 이끌어 갔을까?

한참을 달려 한반도 지형을 쏙 빼닮은 선암마을의 녹색 지도를 보면서 어쩌면 포항 호미곶의 토끼꼬리 모양까지도 빼먹지 않고 그려 놓은 자연의 신비함에 아무 말도 할 수 없었다. 그저 '새내강은 푸르더라' 속으로 이 한 마디를 남기고 아직 개장도 하지 않은 동강 시스타에 우리는 첫 손님으로 들어왔다.

아무도 사용하지 않은 새 침대에서 푹 잠을 자고 이른 아침 강가로 나가니 어제 강가를 달리는 차창 밖으로 보았던 물길은 모두가 초록이었다. 강원도 물은 하도 맑아서 본시 초록인가 하였는데, 오늘 아침 강물에 황새 한 마리 날아와 서 있는 모습을 보고서야 강물은 산의 깊은 울음인 것을 내 이제사 알았다.

    모래톱마다 담은 화폭에
    황새 한 마리 날아와 덧칠을 한다

    혼자서는 그릴 수 없다는 한 장의 산수화가
    산의 깊은 울음인 것을 내 미리 알았더라면
    녹색 물감은 준비하지 않았을 것을

                              - 시 〈동강 시스타에서〉 일부

  어젯밤 누가 이 강가에 와서 빈 소주병 2개, 담배꽁초 둘을 남기고 밤새 끓인 속앓이를 모래밭에 묻어두고 갔나? 그 모두도 강원도 숲에선 초록색이다. 이 강에서 생육신의 한 사람인 원호 스님이 매일같이 청령포를 바라보면서 통곡하였다더니….

  "간밤의 우뎐 여흘 슬피 우러 지내여다
  이제야 생각ᄒ니 님이 우러 보내도다
  져 물이 거스리 흐르고져 나도 우러 녜리라."

  청령포에 계신 어린 임금 단종을 그리워하며 그 스님은 물길도 거슬러 흐르도록 하겠다 하였다.

  스님이 떠난 자리에 안개비만 피어오르는 아침, 강물이 받아 든 그림 한 장은 초록의 산울림이었다.

강릉 문학기행

　두 여성 문장가인 신사임당과 허난설헌을 만난다는 설렘으로 몇 번이나 갔다 왔어도 매번 나서는 길은 또 설레기만 한다. 오죽헌烏竹軒에 들러 신사임당과 그녀의 아들 율곡 이이가 태어난 산실을 구경하고 검은 대나무밭으로 가서 가만히 들여다보니 대나무는 다 검지 않고 흰 몸과 푸른 몸을 가진 것도 있다.

　죽순이 나와서 1년 동안에 키는 다 자란다. 푸른 것은 올해의 새 순이며 검은 대나무는 장년기란다. 하얀 몸의 대나무는 수명을 다한 노년기의 대나무로 사람과 같이 흰 머리를 이고 모든 이파리를 떨어뜨리면, 베어내어야만 다른 순들이 잘 자란다고 한다.

　어쩌면 사람의 일생과 너무나 닮았다. 아무리 영웅호걸이라도 늙고 병들면 자리를 떠야 하고 죽으면 사흘이면 땅에 묻어야 한다는 이치와 너무나 닮아있다.

강릉 오죽헌

검은 대나무에서 일본 영화 '나라야마 부시코'를 떠올려본다. 식량이 모자랐던 '에도시대'에 한 생명이 태어나면 입 하나 덜어주기 위해서 집안의 제일 연장자는 죽어주어야만 했다. 주인공은 미친 척 돌절구통에 이빨을 부딪쳐 피를 흘리며 미친 사람 흉내를 내었다. 이 사실을 모르는 아들은, 아니 알았을지도 모른다. 그 당시에는 굶주림에 어쩔 수 없었다. 아들은 조상이 계신 이곳에 낙원이 있다고 하며 어머니를 지게에 지고 까마귀가 득실대는 산에 두고 내려온다.

꼭 우리나라 고려장 같은 맥락의 문화를 영화로 만들어 오스카상 5개 부분을 휩쓸었던 영화다. 주인공 할머니가 자식을 위해서 미친 사람 흉내 내며 죽어주는 지혜를 배우고 싶어 세 번이나 영화를 보았던 화면에서 유난히 대나무가 흔들렸던 장면과 흡사하다.

오죽헌을 나와 초희를 만나러 간다. '홍길동전' 저자 허균과 동생 허난설헌의 생가에 들르니 의좋은 오누이의 숨소리가 들려오는 것만 같다. 꿈 많았던 초희의 숨결이 깃든 생가를 나와서 관동팔경의 으뜸인 다섯 개의 달이 뜬다는 경포대로 향한다.

하늘에, 바다에, 술잔에, 호수에 잠긴 달, 임의 눈동자에 뜬다는 달을 찾아보았으나 아무래도 네 개의 달만 만날 수 있었다. 둘째 딸이 아빠가 아플 때 경포대 술잔에 뜬 달구경 가자며 위로해 주었던 생각에 남모를 눈물을 집어넣는다. 찾지 못한 달을 찾으러 강릉항으로 간다.

강릉항 솔바람 다리 아래서 투망 던지는 어부는 떼지어 올라오는 물고기를 막고 서서 경포대 호수로 들어가는 물길의 파수꾼이었다. 어부 아저씨는 찰나와 찰나의 한 획을 그으며 어부는 저승사자마냥 당당하게 서 있다. 누가 이 물에 칼을 댈 수 있겠느냐며 어부대장 아저씨는 투망으로 물살을 가른다.

강은 물길을 열고 짠물을 받아들이고 민물을 내보낸다. 물과 물이 합쳐지는 바다의 길목에서 물을 가르며 던져진 투망으로 물고기 새끼 몇 마리 건져 올린다.

물고기는 어부와 쫓고 쫓기는 도망자의 관계로 사람을 비웃듯 쏜살같이 달아난다. 먹고 먹히는 먹이 사슬의 한 단면을 솔바람 다리 위에서 내려다본다. 사진작가는 그 순간을 카메라에 담기 위해 어부가 던지는 순간의 빛을 포착한다. 다섯 개의 달 중 찾지 못한 하나는 투망 속에 걸린 찰나의 달이었다.

포은의 충렬서원과 처인성을 찾아서

처인성 축제로 가수 인순이까지 초청해서 노래자랑 경연대회도 있었다. 남사면은 생소하여 좀처럼 가볼 기회가 주어지지 않는 곳이다. 청하아카데미 야외수업은 이곳으로 정했다. 용인문인협회 회장님, 용인에 거주하는 회원들과 가까운 수원에서도 회원들이 수업에 참가하러 왔다.

처인성은 옛것은 간데없고 흙으로 남아있는 토성으로 여느 마을 뒷동산 같다. 언덕에 올라서니 오목한 정상 바닥에 낙엽이 수북이 쌓여 침묵만이 그날을 대변해 주고 있다. 민초들을 이끌고 적과 맞선 김윤후의 화살촉 한 방에 몽고군을 이끌고 온 적장 '살리타이'가 쓰러졌다. 다윗과 골리앗의 한판 싸움이었다. 용인에서도 외진 곳에 있는 처인성에 그날의 혼백들이 서성이고 있는 것 같다.

이어서 충렬서원으로 간다. 두 임금을 섬기지 않겠다는 절개로 선죽교에서 죽임을 당한 고려 충신 포은 정몽주의 충렬서원을 찾아본다. 묘소 둘레는 십이지신 동물이 아닌 사군자로 조각되어 있으며, 제단은 3단으로 왕릉에 버금가도록 만들어져 있다.

포은 제사를 모시는 재실 영모재永慕齋를 지키는 관리인을 만나 운 좋게도 안으로 들어갔다. 그러나 자세히 설명해 드릴 만큼의 실력이 안 된다며 사양을 한다. 현판에는 영모당永慕堂 우암 송시열이라는 편액에 쓰여져 있으며, 숙종 어제시御齊詩도 현판에 쓰여져 있다.

포은집集에서 숙종은 "평생 내가 존경하도다. 내 위에 임금들이, 사람들이 높이 보도다"라 했다. 묘소에는 고향 경북 영천에 천묘지를 정하고 면례행렬緬禮行列이 용인시 수지구 풍덕천에 이르러

충렬서원

잠시 멈추어 쉬고 있을 때 갑자기 돌풍이 불어 명정銘旌이 하늘 높이 올라가 지금 묘소가 있는 이곳에 떨어졌단다. 이것을 보고 사람들이 명당이라 하며 포은의 유택을 이곳으로 정하여 모셔진 곳이라 전해져 내려온다.

　　이몸이 죽고 죽어 일백 번 고쳐 죽어
　　백골이 진토 되어 넋이라도 있고 없고
　　임 향한 일편단심이야 가실 줄이 있으랴

　정몽주의 '단심가'를 읊으며 내려온다.
　일설에는 고려사직을 그리워하며 포은을 추앙하는 사람들이 많아져 민란民亂이 일어날 것을 염려하여 조선 조정에서 막아내기 위하여 이곳에 모셨다고도 한다.
　동방성리학의 성지인 이곳에서 각종 문화행사가 열린다. 문화해설사가 나와서 여러 가지 설명을 하다가 막힐 때마다 설명해 달라고 성기조 박사님께 부탁을 한다. 중국 이백과 두보 두 시성의 무덤을 찾아갔을 때도 가이드가 막힐 때는 박사님께 마이크를 넘겼다. 또 가이드는 시안성의 안내를 맡아 오랫동안 일을 해 왔어도 이런 해박한 지식을 가진 분은 처음 만나본다 했다.

심곡서원을 찾아서

　정암 조광조 묘소가 있는 심곡서원深谷書院으로 향한다. 아파트들이 들어서 높은 빌딩 숲이다.
　얼핏 보아서는 설마 여기에 심곡서원이 있으리라는 생각은 하지도 못했다. 바로 코앞까지 허가를 내준 관리들에게 정암은 불호령 한 번 내리지 못한 채 누워있다.
　대원군의 서원 혁파 때도 살아남은 전국에 남아있는 49개 서원 중 하나다. 이번에도 한참을 떠들던 해설사의 얕은 지식이 동이나 부족한 부분은 박사님께 부탁드린다.
　정암 조광조는 천거를 통해 조정에 들어온 것을 부끄럽게 여겨 중종 5년 생원시에 응시하여 1등을 하였다. 김종직의 문하생 김굉필의 문하에서 소학을 학문의 기본으로 삼고 유학을 공부하여 학자와 정치가로서의 태도를 정립하였다.

34세의 나이로 관직에 처음 나아가 4년 동안 정치가로 활동하였다. 언로의 확충, 소격서昭格署 폐지, 현량과賢良科 실시 등, 조광조는 도학적 이상 정치 실현을 목표로 중종과 함께 개혁을 추진해 나갔다.
　이를 시기한 간신배들이 '주초위왕走肖爲王'이란 글자를 나뭇잎에 꿀로 글자를 써서 벌레들이 꿀을 먹고 가면 글자가 나타나게 했다. 이 나뭇잎을 증거 삼아 '다음 세상은 조씨가 임금이 될 것'이라며 임금의 마음을 흐려 놓는다.
　훈구파는 국론과 조정을 분열시켰다는 죄목을 씌워 능주로 유배를 보낸 후 조광조를 사사해야 한다는 상소를 끊임없이 올렸다.
　사약을 갖고 온 금부도사에게 죄명을 물으니 죄명이 언급되어

용인 심곡서원

있지 않았다.

　대신을 대접하는 것이 이렇게 초라하단 말인가 하며, "임금 사랑하기를 아버지 사랑하듯 하였고, 나라 걱정하기를 내 집 걱정하듯 하였으니…"란 글을 남기고 결국 유배지에서 짧은 생을 마감하였다.

　기묘사화로 인해 조광조의 제자들은 귀양을 가거나 스스로 관직에서 물러났다.

　사후에도 조광조는 퇴계 이황, 율곡 이이, 우암 송시열 등 당대 대학자들에게 끊임없이 숭앙의 대상이었다.

　조광조의 의리 사상은 근대 사상에까지 영향을 끼쳐 의병 운동, 위정척사 운동, 항일의병 운동의 정신적 근간으로 작용했다는 성기조 박사님의 간략한 강의로 문학기행을 마치고 묘소를 내려온다.

　그동안 수박 겉핥기식으로 알고 있던 것을 오늘 야외수업을 통해서 확실히 정리하면서, 아직도 갈등하고 있는 역사 교과서를 바르게 정립된 국정교과서로 큰 흐름을 잡아 갈등 없는 정신세계를 후대에게 물려주어야 나라의 안위가 지켜질 것이라고 생각해 본다.

야생화를 따라서 · 1

아파트 후문에 산이 연결되어 있어 매일 아침 눈만 뜨면 집을 나선다. 나는 언제나 산이 새롭다. 아, 이 길은 처음인데 이 돌은, 이 나무는 어제는 없었는데, 내가 다른 길로 왔나 하면서 오른다. 누가 빨리 가든 말든 신경 쓰지 않고 나는 내 나름대로 길을 익히며 간다.

처음에는 산언저리까지가 목표였는데, 중간까지, 이렇게 해서 정상까지 오른다. 육산으로 흙이 폭신폭신하여 걷기가 편하다. 여름에는 숲으로 그늘을 만들어 주어 더없이 고맙다. 정상 가까이 가서 샛길로 들어서면 맑은 옹달샘이 기다린다.

참나무 새순이 올라올 땐 마치 한 송이 꽃봉오리 같다. 어느 날 보면 활짝 피어 악수를 하자며 녹색 손을 내민다. 장마가 끝난 뒤 산을 올라보면 열매를 달고 서서 반긴다. 태풍이 지난 후엔 아직

익지도 않은 푸른 열매가 달린 가지를 청설모가 다 꺾어 놓았다. 간간이 보이는 잣나무 어린 가지도 부러뜨려 놓았다. 가을에 다람쥐 양식은 어떡하라고 하면서, 태풍에 부러진 것까지도 청설모를 탓한다. 돌멩이를 주워서 이놈 하면서 던져보기도 한다. 그러나 그놈이 내게 잡힐 리가 있나.

그렇게 여름은 가고 애기 단풍잎들이 다 떨어져 잠든 가을의 흔적 위에 하얀 눈이 한이불* 되어 덮어 주고 있다. 눈이 내린 산길을 걷는데, 단풍잎 쌓인 밑으로 뭔가가 꼼지락꼼지락한다. 가만히 들여다보니 다람쥐다. 조그만 것이 청설모 틈에서 어떻게 살아왔는지, 주머니 속에 초콜릿을 꺼내어 던져준다.

어느덧 봄이 되어 양지바른 곳에서는 일찍 핀 진달래가 수줍은 듯 고개를 살짝 내민다. 손을 잡아주고는 내려오는 산길이 또 낯설다. 내려올 땐 갈림길에서 길을 잘못 들어 어느 땐 등 너머 마을에 서 있기도 한다.

그런데, 오늘은 야생화 생태전문가 김영규 선생님과 법화산에는 어떤 식물들과 꽃들이 피고 있나 알아보려고 길을 나섰다. 호기심으로 가득 찬 유치원생이 되어 걸어가니 가랑비도 우리를 따라나선다. 산길을 오르다 돋보기로 비에 젖은 꽃잎을 관찰하면서 천천히 오른다. 평소에는 그냥 지나쳤던 모든 것들이 새롭게 다가온다.

어느새 정상에 도착하니 선생님과 대관령 선자령에서 보았던, 높은 산에서나 서식하는 구상나무, 주목도 자라고 있다. 모두는 자연이 훼손되지 않은 이곳에 이사 온 것을 참 잘했다며 좋아한다.

정상을 돌아서 사람들이 잘 다니지 않는 옹달샘 물이 흐르는 산길을 타고 내려온다.

축축하게 젖어 있는 골짜기에는 아직도 희귀식물들이 사람의 발길을 피하며, 곱게 피어 숨어 있다. 어떤 분은 산길 다니기 좋도록 한다며 낫으로 희귀식물을 다 베어놓기도 한다. 이것을 보면 다음번에 산에 오를 때 이 식물들이 살아남아 있을지 걱정을 하며 선생님은 안타까워 하신다.

가을 야생화 산국

그러고 보니 자연을 최대한 살려 조성된 우리 아파트 화단에 심어져서 가을이면 노랗게 피어 하늘거리던 '산국'이 자라고 있는데, 화초가 자라는데 방해꾼이 쑥이라며 용역업체 아주머니들이 다 뽑아버린 일도 있다.

이름도 모르고 가지를 꺾어서 하얀 가루 꺼내어 어릴 때 소꿉장난하였던 국수나무가 여기에 서식하고 있다. 산길에 단풍잎들이 썩어 푹신푹신한 거름이 된 그 밑엔 온갖 미생물들이 살고 있다.

앙증맞게 노랗게 피어 반기는 피나물 꽃, 축축한 땅을 좋아하는 산괴불주머니꽃, 현호색 괴불주머니 꽃이 주머니에 꿀을 가득 담고 벌과 나비를 유혹하고 있다. 꽃에는 자신을 보호하려는 독성물질이 가득 들어있다지만 사람에게는 유익한 약재로 쓰인다.

다윈 박사가 가장 진화한 생물만이 이 지구상에 남는다고 한 글귀를 떠올리면서 산길을 내려온다.

  소꿉동무 '말자' 야
  너는 아빠 나는 엄마
  국수나무 대롱엔
  사랑이 가득

  국수나무 마을엔
  굶는 사람 없다더라.
      - 시〈국수나무〉일부

*한이불: 겨울 이불

야생화를 따라서·2
– 비 온 뒤의 구성천 들녘에서

  비 온 뒤 탄천에는 어떤 꽃들이 피어있나? 야생화 생태전문가 김영규 선생님의 메시지로 소위 번개팅이다. 우리는 탄천으로 들길을 나선다. 그저 들풀이러니 하고 지나쳤던 풀들의 이름을 알려주니 모든 것이 새롭게 보인다.

  여태껏 장님으로 산 것 같다. 아는 것만큼 보인다더니 신귀하고 새롭다. 마타리가 노랗게(황화패장), 하얗게(백화패장) 가지를 쭉쭉 뻗은 우산살대처럼 생긴 것이 우산을 편 것처럼 탐스럽게 피어, 뿌리에 똥냄새가 이토록 풍기니 벌들이 진을 치고 앉아서 꿀을 모으고 있다.

  복슬강아지 수크령을 꺾어서 달리기 경주를 시켜본다. 엉경퀴는 꽃보랏빛 브로치 같아 꺾어서 옷깃에도 머리에도 꽂아본다. 노랗게 핀 애기똥풀꽃은 꽃대 속에 노란 액체가 들어있다.

엄마는 그것을 따 말려서 봄이면 막걸리를 빚어 피부에 좋다며 우리 형제들에게 약으로 먹였다. 그래서 지금도 제일 좋아하는 술은 막걸리 한두 잔이다.

　들에 지천으로 깔려 있던 이것이 매듭풀이라니 풀속과 바깥쪽의 온도 차가 5도나 난단다. 그래서 풀벌레들의 산실이다. 자리공은 껑충 큰 키에 자줏빛 대에 주렁주렁 푸른 열매를 달고 서 있던 초록색 열매가 어느새 까맣게 익어서 맛있는 까마중 열매를 닮아있다.

　어린 잎을 따서 데쳐 쌈싸 먹었다. 이제는 구별도 할 수 없는 미국 자리공이 우리 것보다 훨씬 많이 서식하고 있다. 세계는 하나 이제 식물도 남의 것, 내 것 없이 국적을 묻지 말라며 다문화가족처럼 수용하란다.

고마리 풀

여치, 잠자리, 베짱이
풍뎅이도 날아와
매듭풀 숲은 어미 자궁 속

인큐베이터 속은
어앵어앵 곤충의 태실이다.

- 시〈매듭풀〉일부

 고마리 풀은 말없이 방패모양 잎을 가지고 분홍, 하얀, 붉은 색깔의 꽃을 피운다. 줄기에는 부드러운 털로 감싸있어 물을 정화시킨다. 조선 태종 이방원이 고려 충신 정몽주에게 '하여가何如歌'에서 '만수산에 드렁칡이 얽혀 산들 어떠하리' 라 하였듯 그렇게 살자 하며 환삼덩굴도 핏빛 줄기에 으우렁드우렁 얽혀 꽃을 피워서 손을 내민다.
 미나리도 파랗게 너울너울 춤을 추며 반기는 야생화 수업을 마치고 돌아오는데 냇둑에서 보송보송, 줄기에 하얗게 꽃을 피운 흰전동싸리꽃이 숨어서 인사한다.

야생화를 따라서 · 3
- 광교산으로

비 온 뒤 광교산에 들어서니 계곡물 소리는 산속에 정적을 여지없이 깨우며 쏜살같이 달아난다. 키꺽다리 흰 여로가 피어 산언저리부터 늘어서서 사열하고 서 있다. 꼭 하늘에서 흰 구름을 타고 내려와 하얀 카펫 위를 밟고 지나가는 선녀 같다. 대나무 새순을 닮은 잎 4장으로 저렇게 올라갈 수 있다니? 밑둥부터 피워 올린 하얀 꽃으로 종소리 역할을 톡톡히 하며 서 있다.

이삭여뀌, 바보여뀌가 빨강꽃, 분홍꽃, 하얀 꽃으로 냇가를 장식하고 있다. 어독초라 불리는 여뀌 잎을 따서 돌에다 놓고 찧어 피라미가 살고 있는 곳에 물을 가두고 풀어 볼까? 금방 배를 드러내고 떠오를 물고기를 잡아 튀김을 해 먹을까 하다가, 자연을 보호하자며 가두어 둔 물을 흘려보내고 계곡을 따라 오른다.

산속에 허물어진 고려 중기(명종)의 승려인 종린宗璘의 현오국사

탑비龍仁 瑞鳳寺址 玄悟國師塔碑는 사찰 터에 여리디여린 속살까지 다 보이는 유리 같은 하얀 줄기의 흰 물봉선이 하르르 날듯 꽃을 이고 피어 있다. 종린宗璘 스님이 벗어둔 장삼이 피워낸 꽃이려니 하며 사진으로 남긴다. 솔나물도 노랗게 몽실몽실 피어서 숲속을 밝히고 있다.

> 하르르 날 듯 흰 물봉선은
> 연한 줄기에 물 가득 싣고
> 날아갈 듯 투영된 매무새에서
> 어미의 자궁을 보았다
>
> 거긴
> 우물이었고
>
> 수정되지 못한
> 아픔도 있었다.
>
> — 시 〈물봉선〉 일부

내려오는 길에 짙푸른 소나무와 참나무 잎에 대한 설명이다. 나무는 춥고 매서울수록 생존의 본능으로 더 푸르고 화려한 여름을 보내게 되며 다가올 새해를 위해서 마지막 겨울을 기억한다는 설명으로 오늘 야생화 수업을 끝낸다.

야생화를 따라서 · 4
– 한더위에 핀 연꽃

연꽃이 많이 피어있다는 경안천 습지 생태공원으로 나선다. 앙증맞은 수련이 하얗게 피어 우리를 반긴다. 물 위에 몸을 가볍게 올려 핀 수련, 꽃대를 쑥 올려 분홍꽃, 하얀 꽃, 자주색 연꽃들이 연못을 가득 메웠다.

올미, 개구리밥 어리연꽃 위에 청개구리도 아기를 업고 폴짝 연잎에 앉았다. 방금 쏟아지는 여름 소낙비로 연잎은 물이 가득 차면 쏟아 놓는다. 버린다는 교훈을 보여주며 쉴 새 없이 방아질을 한다. 한줄기 소낙비가 지나간 들녘은 태양이 춤추는 환희다.

잠방잠방, 도그르르
부처님 손바닥 같은 수련 잎에
빗물이 구슬처럼 가득 차면 흘러내린다

흙 속에 몇 섬지기 부어
피워올린 수련꽃 한 송이는
평생 갈고 닦은 사리 한 알이다.

― 시 〈수련〉 일부

  아이스 수건으로 물을 적시어 목과 머리에 두르고 다녀도 금방 말라버리는 한더위에 웬 아카시아 꽃이 피었네, 하고 달려갔더니 선생님이 저것은 개밥나물이란다.
  그 옆에 고삼은 한 뭉치 꽃대롱을 길게 땅으로 늘어뜨려서 피어 있다. 꼭 종을 거꾸로 매달아 놓은 것 같이 피어서 나비를 불러들인다. 납작 엎드려 꽃대만 쏘옥 올려 온 들을 노랗게 물들이던 '큰방가지똥'이 이제는 다른 모습을 하고는 눈가루 날릴 채비로 하얀 모자를 쓰고 서 있다. 참으로 자연은 오묘한 요술쟁이다.
  한여름 더위에 야생화 수업을 일찍 마치고 산을 넘어 강기슭에 자리 잡은 음식점을 찾아간다. 오늘 들른 집은 부부가 오순도순 운영하는 이곳 어머니 손맛을 보려면 한참을 기다려야만 된다. 매번 가는 곳마다 이름난 음식점에 들러 식도락 여행도 함께 겸하니 일석삼조다.

야생화를 따라서 · 5
– 선자령 야생화 1

늦가을 선자령을 향한다. 야생화는 아름다운 자태로 한껏 우리를 기다리는데 피는 시기를 놓치면 볼 수가 없다. 그래서 길을 나서는 것은 꽃과의 약속 때문이다. 무심코 지나쳤던 꽃들을 어떤 땐 가지 못할 사정이 있어 날짜를 좀 늦추어 가면 꽃은 마냥 우리를 기다려 주지 않는다.

사정이 있어 못 갈 땐 보고 싶은 꽃을 보지 못한 아쉬움으로 몸살을 앓는다. 비 온 후 잠깐 피는 꽃들을 이름 모를 들꽃이라고만 불렀는데 그들은 하나하나 다 제 이름을 갖고 있으며 피는 시기도 제각각 달리한다.

여느 때 같았으면 대관령 목장에 양떼를 만나러 가는 여행이었다. 오늘은 꽃을 찾아 선자령 산언저리부터 걸어서 간다. 그령과 개기장도 이 가을에 제 소임을 다 하는 양 열매를 익히며 고개 숙

바위구절초

여 인사를 한다.

 까만 잎의 곤드레는 나물밥(고려엉겅퀴) 재료로만 알아왔는데, 곤드레 꽃은 가을 산을 온통 꽃보라색으로 물들여 놓았다. 대낮에 환한 불빛이라니, 달려가 보니 바위구절초꽃에 덮인 바위에는 낮달이 숨바꼭질하고 있었다.

    천년을 꿈쩍 않고
    그 자리 지킨 바위가
    하얗게 불을 밝혔다

    춤추는 바위

들여다보았더니
낮달이 거기
숨어 있었다.

— 시〈바위 구절초〉일부

   숲속을 걸어가는 발치에 꽃자주색으로 애기앉은부채꽃이 노란 씨방을 가득 안고 피어있다. 야생화를 찾아 나서지 않았다면 그 예쁜 꽃들을 그냥 밟고 지나쳤을 것이다. 카메라에 담아 이름을 적는다. 적어 놓아도 매번 꽃이름과 씨름을 한다. 등산은 높은 정상을 향해 정신없이 올라가지만 야생화 학습은 천천히 꽃을 찾으며 낮은 곳을 살피며 걸어간다.
   서두르지 않아도 되는 내 나이에 꼭 알맞은 산행이다 자연이 주는 꽃향기가 코끝을 간질인다. 이 향기를 따라 서울 생활을 접고 온 가족이 내려와 차린 송어회와 산나물이 나오는 음식점에 들렀다. 여행을 좋아하셨다는 그 댁의 아버지 사진이 액자 속에서 웃고 계신다.
   지금은 어머니와 아들 내외가 정성을 다한 음식을 내놓는다. 할머니가 손수 뜯어서 말린 병풍나물, 고사리, 고비 등으로 나물을 장만한 반찬이다. 봄에 시어머니와 며느리가 직접 따서 말렸다니 오는 길에 산나물 사 오는 재미도 쏠쏠하다.

야생화를 따라서 · 6
- 선자령 야생화 2

 가을이 다 가기 전에 들꽃을 만나러 아침 일찍 서둘러서 선자령 산언저리까지 왔다. 차를 세워두고 산기슭을 따라 걷는다. 저 멀리 대관령 풍차는 어서 오라 윙윙 손짓을 한다.

 각시그령은 수줍은 듯 열매를 다 익히지 않고 끝부분에 분홍꽃을 아직도 물고 있다. 욕심 많은 방동사니는 머리에 온통 다 익은 열매로 동글동글 파마머리를 하고 있다.

 구절초와 산국화는 노랗게, 하얗게 또는 보라색으로 온산에 수채화로 수를 놓았다. 짙은 가을

천남성

들꽃 향기에 취해 비틀비틀 걸어가고 있는데, 주황색으로 빨갛게 익은 주걱처럼 생긴 천남성 열매는 씨앗 하나하나를 튕겨 보내고 서 있다. 종족보존의 치열한 몸부림이 꼭 이 빠진 늙은 아비 같다.

다 쏘아 올려 제 몸 퉁겨내고
하늘 향한 천남성 쭉정이

무료급식소 대열에 서 있는
꾹 눌러 감은 늙은 아비 눈 두덕 같다.

– 시〈천남성〉일부

산기슭을 지나 선자령 정상을 돌아 빤히 보이는 대관령 삼양목장을 들르지 않고 바라만 보고 내려온다. 목장 산기슭을 내려오는 숲속 계곡엔 시냇물이 늦은 가을을 재촉하며 빠르게 흐른다.

자줏빛 꽃향유는 활짝 피어 가을 풀벌레들을 불러모은다. 꽃의 짙은 향기는 최후 사력을 다한 꽃의 눈물이 거기 있었다. 칼 모양의 잎을 숨긴 용담꽃은 꼭 학교 종을 닮았다. 저물어 가는 선자령에 용담꽃이 종을 치면 들꽃은 가을걷이로 바쁘다.

저녁노을은 산길을 따라오는 목장 울타리 넘어 장관을 이루고 있다. 철조망을 피해 불타는 노을을 카메라에 담고 어둑어둑한 언덕을 더듬어 내려오니, 이미 하늘에는 초롱초롱 별들이 떠서 겨울맞이 노래를 하고 기러기도 서열에 순종하며 하늘을 날고 있다.

야생화를 따라서 · 7
— 갈담 저수지에서 _ 1

 용인의 7대 아름다운 마을로 선정된 갈월 마을에는 어떤 꽃들이 피어 있을까, 하고 야생화 수업을 간다. 마을을 들어서자 몇백 년이나 된 수령의 느티나무가 우리를 반기며 서 있다. 느티나무 수문장에게 다 맡기고 모두가 가을걷이하러 들로 나간 빈집은 적막 같다.
 빈집 담장 너머로 보이는 장독대 위에 가을 햇살이 반짝 내려앉는다. 낯선 우리를 본 개들은 컹컹 짖기도 하고, 적적하였는지 반갑다 꼬리를 치며 반기기도 한다. 개들도 사람의 다양한 성격을 닮았나 보다.
 은행나무는 노랗게 물들어 빨갛게 익은 감과 어우러져 온 동네가 한 폭의 풍경화다. 이 마을에 유난히 많은 고욤나무 열매가 익어서 더욱 가을의 절정을 알린다. 은행알이 떨어져 수북이 쌓여 있어도 아무도 주워가지 않아 그대로 썩고 있다.

  들일에 일손이 모자라 여기까지는 신경 쓸 겨를이 없었나 보다. 마을을 돌아 저수지로 오르는 길에 산국화가 피어 온 들을 가을 향기로 뒤덮고 있다. 밭두렁에는 계절을 잊은 냉이가 파랗게 돋아나 냉잇국 냄새로 굴뚝을 타고 오를 것만 같다.

  마을 뒤 언덕을 오르는 산길엔 빨갛게 익은 열매를 새들이 맛있게 따 먹고 있다. 저 예쁜 열매는 들쩡나무 열매란다. 그동안 해마다 보아왔는데도 이름을 알고 보니 더욱 예쁘게 보인다. 전원풍경의 한적한 마을을 지나 산길을 오른다.

    붉게 익은 들쩡나무 열매
    새떼 날아와 쪼아 먹고

    자연에 눕힌 새들의 똥

    어느 들에서 또 피어날 약속
    가을은 주는 것이다.

                  – 시〈가을 약속〉일부

야생화를 따라서 · 8
- 갈담 저수지에서 _ 2

  돌콩과 얼치기 완두도 익어 새들이 날아와 수확하길 학수고대하며 입을 반쯤 벌리고 있다. 박주가리는 이미 가을걷이를 마치고 겨울잠 준비로 바쁘다. 갈담 저수지 둑에는 계절을 잊은 사마귀가 잎사귀 뒤에 마지막 알을 다 토해 놓고 죽은 듯 늦가을을 보내고 있다. 눈에 들어가면 장님이 된다는 속설로 아직도 내게는 무서운 기억으로 남아 있다.

  산과 들판을 걸으면서 신기한 풀이나 꽃들의 이름, 생태에 대한, 선생님의 설명으로 반짝 눈을 크게 뜬다. 꼭 자연학습 수업에 나온 아이들마냥 동심으로 돌아간다. 잡풀이라며 아무도 보아주지 않던 바람하늘지기도 열매를 가득 익혀 새떼를 기다리고 있다.

  도꼬마리 열매가 옷에 달라붙어서 나를 따라 오는 가을 한가운데, 오색 단풍나무들의 그림자 드리운 석양의 호수에는 금물고기

갈담 저수지 풍경

가 퍼덕이고 있다. 호수의 진원지인 물줄기를 따라 올라가니 높은 산 계곡에서 내려오는 맑고 차가운 물에 피라미 새끼들이 계절을 잊고 출렁댄다.

계곡 앞에는 도토리묵만 전문으로 하는 전문음식점이 있다. 여러 가지 종류와 특이한 맛이다. 조용한 갈월 마을에 멀리 외지에서 찾아오는 차들이 쉴 새 없이 드나든다. 갈담 저수지에는 형형색색의 단풍잎들이 한껏 멋을 부린 제 모습을 물속에 담그고 호수는 한 폭의 수채화를 담아 뽐내고 있다.

마당에는 조각 전시회가 열리며 제주 돌하루방 등 여러 종류의 조각상들이 전시되어 있다. 마당을 돌아 호수의 진원지인 맑은 계곡을 따라 올라가면 숲속으로 이어진다. 부모로부터 물려받은 유산이란다. 주인은 이곳을 잘 관리하여 쉼터를 제공해 주고 있다.

백령도로

 뒤척이다 잠든 뒤, 소스라치게 놀라 깨어 콜을 부르고 차 안에서 짐을 챙긴다. 끔찍하게 두 동강 난 천안함에서 우리 아들들의 아우성치던 눈물의 바다로 가는 호된 신고식이다.
 NLL을 침범한 저자들에게 대항하지 말라는 국가의 지시로 방어 한 번 못하고 죽음으로 내몰았다. '율곡 이이의 10만 대군 양성' 이 귓전을 때린다. 분단을 받아들인 바다의 파고는 0.5m며 오늘은 호수 같은 물결이란다. 소청도 대청도를 지나 서늘한 피바다의 백령도에 왔다.
 목숨을 초개처럼 던진 46명 아니, 한준호 준위까지 삼킨 바다는 말이 없다. NLL 눈앞에서 경비정이 영해를 사수하고 떠 있다. 남도 북도 갈 수 없는 공해에서 중국어선들이 쌍끌이 어망으로 고기를 잡고 있다.

약자의 설움을 억누르면서 기암절벽을 돌아본다. 물곰은 출렁이는 물결 위에서 남도 북도 없이 둥둥 춤을 춘다. 저녁해가 금빛살처럼 둘러쳐 있는 바다를 뒤로하면서 못다 피고 진 혼령들에게 고이 잠들라 빌어준다.

저녁에는 반공 강연이 마련된 국가시설로 가서 좌우 흔들어대는 이념 한가운데 우리가 알지 못하는, 최일선에서 일하는 목숨 건 영상을, 남으로 귀순하는 자막을 보면서 여태껏 우리는 얼마나 편안한 삶이었는지 되짚어 본다.

낮 동안 달궈진 따뜻한 시멘트 주차장에 등을 뉘어 총총히 뜬 별들을 바라보면서, 북녘에서도 누군가 같은 별을 보고 있겠지, 하는데 별똥별이 호르르 떨어진다. 그건 못다 준 사랑, 꽃다운 장병들의 눈물이어라.

> 호르르 떨어지는 별똥별은
> 우리 아들들 눈빛이어라
>
> 그 별빛에 눈 시려
> 무릎 꿇는다
>
> 오늘 밤에는
> 별이 참, 많이 떴다
>
> — 시 〈백령도에서〉 일부

백령도 콩돌해안

 희부연 적막의 미명에 진돗개가 컹컹 아침을 알리는 소리에 숙소를 나와 철책길을 따라 걸어간다. 지뢰, 지뢰 빨간 표지판이 붉은 장미꽃인 양 철조망에 피어 있다. 지구상에 단 하나밖에 없는 지뢰꽃 누가 만질까, 밟을까 조심조심 받들란다.
 삼엄한 정적의 밤이 가고 모퉁이를 돌아가니 작은 어선들이 정박을 하고 있다. 포구에는 10여 명의 군인들이 교대식을 하고 있는 해안가를 돌아오는 언덕길에서 오싹, 금강산관광 아침 해안길 걸었던 박왕자 씨의 총살당함이 뇌리를 스친다.
 46위 장병들 위령탑에 고이 잠들라 빌어주고 콩돌 해변으로 간다. 하늘이 내려준 사곶해변은 유사시 비행기 활주로가 된다니 이 얼마나 다행인가. 밀려왔다 밀려가는 파도처럼 나의 여정도 이렇게 왔다 갈 것이리라. 먼 수평선에 내 안의 나를 파도에 실어 보낸다.
 버스운전 겸 가이드 아저씨는 콩돌을 주워가면 3년은 집안에 우환이 끊이지 않는다는 멋진 위트로 우리의 영토 백령도를 지켜갈 것이다.

이희숙 문학기행 모음집
문학의 오솔길

제2부

자연을 벗 삼아 인생을 여행하다

홍천 힐리언스에서 · 1

1일차

　신문광고에서 일상을 다 내려놓고 폰도 안 되는 별만 바라볼 수 있는 산속이라고 소개한다. 돈(Deposit)을 맡겨놓아야만 예약도 된다. 그 금액 중 본인이 머문 만큼 제하고 다음에 사용하기도 한다. 고가라 장기 투숙하래도 할 수 없다. 한 번 체험해 보자며 힐리언스에서 보내준 주소로 내비게이션이 지시하는 길은 내게는 생소한 방향이다.
　길치인 나는 조마조마하다. 보내온 안내지에 강촌이 남아있는데 설악으로 나가란다. 안내를 믿어보자며 우회전하라는 대로 나간다. 톨게이트에서 "힐리언스요" 했더니 500m 가서 우회전하란다. 맞게 왔구나, 하고는 가슴을 쓸어내린다.

신문광고에서 별만 볼 수 있는 산중이라는 종자산 기슭을 찾아오니 선仙마을 표지판이 기다린다. 한참을 들어가니 차단기가 막는다.

예약을 확인한 다음에야 개폐기가 열린다. 주차장에서부터 가는 길은 비탈길이다. 그래서 산에 가듯 아무것도 준비하지 말고 와서 편히 쉬고 가라는 것이었구나 싶다.

안내원이 숙소로 짐은 다 옮겨갔다. 눈앞에 보이는 춘하재동에서 입실 신고를 하고 싶었으나, 다음 건물 추동재란다. 신고하고는 강의실로 갔다. 부대시설에 대한 설명과 이곳에는 냉장고와 에어컨이 없다는 것과 저염 음식에 대한 설명으로 캠프가 시작된다.

복잡한 도시를 떠나 잠시나마 머리를 식히고 자기를 돌아보라는 취지로 정신과 의사 이시영 박사님이 제약회사 여러 곳과 함께 설

홍천 힐리언스 선마을

립한 캠프다. 고령화 시대에 접어든 우리나라도 의료보험 및 사회적 비용이 엄청나게 소요되고 있기에 미리부터 국민 각자가 정신과 신체를 단련해서 건강하게 살아가도록 하며 사회적 비용을 줄인다는 취지로 설립된 곳이다.

사방을 둘러보니 앞산이 내 가슴에 안겨 올 듯 자연이 주는 아늑함이다. 자연의 소리, 음이온, 햇살, 피톤치드, 이 모든 것들이 나를 내려놓게 한다. 채식으로 차려진 점심을 끝내고 유르트에 모였다. 편안히 누워서 잠들 수 있도록 하는 와식 명상시간이다.

중앙아시아 유목민들의 이동 주거형태 유르트에서 강사의 나긋나긋한 저음으로 들려오는 지시를 따라 모두가 곤한 잠에 빠져든다. 오느라 잠을 설친 탓도 있겠지만 산새의 깃털소리마저 크게 들리는 이 숲속 정적의 기운 탓이리라.

진용일 교수님은 희喜, 노怒, 우憂, 사思, 비悲, 경驚, 공恐 7정 모두를 내려놓으란다. 마음 다스리기가 얼마나 어려우면 괴테는 '행복이란 전적으로 마음에 달려 있다' 고 했을까?

식습관, 운동습관, 리듬습관, 마음을 다스리는 보물.

첫째, 대자연을 가슴에 품자.

둘째, 마음을 텅 비우는 명상을 하자.

셋째, 깊은 마음의 눈으로 보자.

넷째, 감사와 사랑의 마음을 깨치자.

다섯째, 스스로 행복한 미래를 열자로 마무리한다.

강의가 끝나고 사색의 길을 걷는데, 갑자기 소나기 세례로 이곳의 주인인 숲에게 호된 신고식을 하고 산행을 접는다.

2일차

 밤 9시가 되면 모든 전등을 소등한다. 사람에게 주어진 문명사회를 떠나 단 며칠이라도 원시로 돌아가 보라는 취지다. 산골 숲속의 밤하늘에 별들이 더욱 빛나는 고요한 산중이다.
 모든 걸 다 내려놓고 살아온 삶을 뒤돌아볼 기회다. 먼저 어린 날의 초여름 밤 싸하게 코끝을 적셔오던 아카시아 향기, 여름밤 풀을 베어 피워놓은 모깃불에서 풀 타는 매캐한 풀냄새, 내 옆에서 부채질해 주시던 엄마 냄새를 다시 더듬어본다.
 선풍기도, 냉장고도 없는 곳이다. 거실을 지나 안쪽에 침실이 있으며 창문도 없는 방은 보기만 해도 숨 막힐 것 같다. 삼복더위에 어떻게 밤을 보내야 하지, 하면서 침대로 간다.
 그런데 발치의 빗살무늬로 된 문에서 시원한 바람이 솔솔 들어와 발을 간질인다. 신기하여 일어나 구조를 보니 거실 앞에 조그마한 대나무가 심어져 있으며 천정이 뚫려 있도록 설계가 되어 있다.
 밤하늘 별똥별이 또르르 내려오는 숲속의 밤공기가 몰래 들어왔다. 그와 같이 밤을 보내야겠다.

 앞산이 내 가슴에 안긴다

아니 내가 산에 안긴다
찌든 내 가슴에
몽환이 흐드러지게 핀다.

- 시〈달밤〉일부

3일차

 셋째 날 수업은 유르트에서 유목민들처럼 막대를 가지고 기합을 넣으면서 기마놀이를 하고 그룹을 바꿔가면서 각자가 이번 캠프에 참가한 이유를 말하기로 한다. 내가 진정 원하는 마음이면 그대로 밀고 나가고, 아니면 마음을 비우고 우리를 행복하게 하는 마음을 선택하고 행동하라는 명상시간이다.
 히바에 장작으로 모닥불을 지펴 타오르는 불꽃 속에 고구마를 굽는다. 인도의 어느 추장은 마을에서 죄지은 이에게 벌을 줄 때는 먼저 모두가 빙 둘러앉아서 그 사람의 자라는 과정에서 보아왔던 장점 한 가지씩을 말하도록 한다. '너는 무엇 무엇을 잘 했지?' 하고, 잘못보다 먼저 칭찬을 해 주고 벌은 나중에 내린다.
 히바의 사그라져가는 장작 불빛에 둘러앉아 제각기 한 가지씩 이야기보따리를 풀어 놓는다.
 부녀가 함께 온 닉네임 '햇살이'는 8년 동안 우울증에 시달리며 전철도 버스도 타지 못하는 대인 기피증에 시달리다 이번 캠프에

홍천 힐리언스 선마을 오감자극 프로그램

왔다는 28세의 아가씨다. 아버지는 초등학교 교장 선생님이란다. 아버지의 엄격함이 저를 이렇게 만들지 않았을까 한다. 그동안 유명하다는 곳은 다 찾아다니며 상담과 치료를 받다 이번에 이곳에 오게 되었단다. 앞으로는 지하철도 버스도 타겠다며 자신의 변화된 이야기를 들려준다.

직장 초년생이라는 청년은 내 조카와 성과 이름이 같은 이상현이란 청년이다. 소그룹으로 자신의 고민을 털어놓을 때 본인은 불행한 가정에서 자랐으며 그러나 언제나 밝게 생각을 하면서 커왔단다. 그런데 사장님은 본인처럼 완벽한 일 처리를 바란다며, "이것도 못해" 하는 것이 스트레스란다. 벤처기업 젊은 사장과 직원 4명이 온 팀의 막내다. 사장은 이번 강의로 무엇보다 직원들을 다그친 자신을 돌아보게 된 힐링이란다.

부자父子로 온 대학 3년생은 소그룹 때 공무원 시험 준비를 하는

데 진로를 바꿔야 할까 고민하였던 친구다. 아버지도 아들도 왜소한 체격에다 외모도 곤란하게 생겼다. 부모 직업을 물어보니 양친 다 공무원이란다. 그 학생에게 사업가 집안에서 사업가의 기질을 물려받는 것이라며 죽어라 시험 준비를 해보라 하였다.

 사그라져가는 히바 불빛 아래서 제 나름의 고민을 갖고 온 사람들이 모여서 힐리언스에서의 치료 체험을 털어놓는다. 나는 내 옆의 '햇살이'에게 "아버지라 부르고 싶어도 부르지 못하는 이들이 얼마나 많은지 아니? 너는 아버지라 부를 수 있어 얼마나 행복하니." 조카를 꼭 닮은 잘 생긴 청년에게는, 갑자기 아버지를 해상사고로 여의고 지금은 훌륭한 직장인이 되었다는 조카의 이야기를 들려주며 어깨를 두드려 주었다.

 나는 나에게 아무도 네 인생을 대신 살아주지 않는다며 주눅 든 나를 위로해 준다. 세상에 첫선을 보였던 '시가 있는 세계기행', '여자여 너를 대접하라'의 제목처럼 당당하게 살아가리라고 다짐해 본다.

    모든 전등이 꺼진 밤
    어디서
    환한 달덩이가 앉았다

    달려가 보니
    그건

하얀 수국 한 송이

- 시〈수국〉일부

4일차

아침 골짜기에서 내려오는 시원한 세족 터에서 발을 씻고 사색 길을 따라 산책을 한다. 종자산 이름에 걸맞게 새들이 여기저기서 지저귀는 아침은 꼭 여기가 천상이 아닐까 한다. 오늘 수업은 각자의 닉네임을 쓴 이름표를 달고 사는 곳과 자기소개를 한다.

홍천 힐리언스 트래킹 코스

모두가 제각각 여기 들어온 사연이 다양하다. 오죽했으면 숨을 spirit이라 했을까? '내 일의 가치를 높일 수 있는 의미를 부여하라'를 주제로 각자 써 보란다. 이때까지 만족하게 써보지 못한, 단 한 번도 내가 쓴 시, 기행문에 대하여도 항상 부족하다고 생각해 왔다.

오늘은 나를 칭찬해 주기로 한다. 그래 너는 남들이 보지 못하는 사물에다 의미를 부여해 주는 일을 하는 글 쓰는 사람이 아니냐, 이렇게 크게 칭찬을 해 주고 나니 내가 소중하게 생각된다.

거울 속에 비친 자신의 눈을 가만히 들여다보면 거기에서 진정한 자아를 발견할 것이란다. 한참을 보고 있으니 눈은 마음의 거울이라는 것을 실감하게 된다. 오랜 혼자의 삶에 겁에 질린 눈빛이다. 이것을 발견하고 속으로, 그래 너는 너의 할 일을 훌륭하게 해냈어. 이제 당당하게 어깨를 펴라. 누구의 눈치도 보지 말라. 너를 위한 진정한 삶을 살아가라, 위안을 해 주었다.

맹자는 "하늘은 고난을 통해서 사람을 키운다" 하지 않았던가?

오후 수업은 산길을 올라가 잣나무 숲 아래서 명상에 들어간다. 누워서 100m도 넘는 어른어른 보이는 하늘 끝에 잣나무 가지들은 키재기 내기를 하고 있다. 땅과 숲과 누워있는 자신과 하나 되어 잠자고 있는 나를 깨운다.

그래 감탄하라. 특히 사람에게 자주 감탄하라 했지, 하늘 높이 뻗어 옹기종기 손잡고 있는 잣나무 숲에게 먼저 감사한다. 우와 멋지다.

홍천 힐리언스에서 · 2

1일차

숲속 여운이 남은 내 몸의 세포를 깨워 힐리언스로 간다. 항상 길을 떠날 때는 초긴장을 하면서 길 위에 선다. 내비게이션의 친절한 안내에도 언제나 불안하다. 처음 올 때는 멀게만 느껴졌는데, 지금 찾아가는 길목에 골프장도 공사중이다. 홍천 비발디에서 12km 표지로 가깝게 느껴진다.

굽이굽이 누운 산 주름은 허리가 긴 산짐승이 엎드려 있는 모습이다. 저 등을 타고 끝없는 하늘을 오르고 싶은 마음으로 선仙마을 이정표를 찾아 구불구불한 길에 들어선다.

올해는 정규 프로그램 캠프가 아닌 자유라 좀 지루하지 않을까 생각하면서 입촌하였는데 매시간 선요가, 와식명상, 힐링명상, 세

이시형 촌장님의 생활건강 강의

로토닌명상, 숲속 유르트와 별빛 유르트에서 수업이 잔잔하게 이루어진다. 밸런스 트레이닝, 태극권, 식습관 개선, 이시형 촌장님의 영상강연(자연의학과 생활건강), 체성분 측정 등 다양한 프로그램이 진행되고 있다.

겉으로 보기에는 아무렇지도 않은데 모두들 한 가지씩 사연을 가지고 찾아와 심신을 연마하고 있다. 위암, 유방암, 폐암, 희귀병 등 여러 가지 다양한 이유로 와서 건강을 회복하려 힘쓰고 있다.

와식 명상 때 내 옆의 젊은이는 풀리지 않는 취업문제로 왔나 보다 했는데, 자신은 42세이며 애니메이션을 만드는 중소 벤처기업을 이끌어 오다 요즘 열정이 식어서 처음 같지 않게 순발력이 떨어져 30여 명의 직원을 정리하고 본인을 따라 남을 사람 몇 명만 남기고 길을 나섰단다.

와이프에게는 한 달 동안 실컷 돌아다니다 오겠다 하고는 제주도 유수민박에서 8일간 밤을 젊은 학생들과 술로 보내고는 이래선 안 되겠다 하며 작년에 왔던 이곳을 다시 찾아와서 마음을 정리하고 있단다. 고2 때 갑자기 세상을 떠난 아버지를 대신해서 본인은 대학을 중퇴하고 동생은 학업을 마치도록 했다는, 그의 가난했던 삶은 우리 모두의 이야기인 것 같다.

화가 명함을 내밀면서 전업 작가가 되겠단다. "내 마음에는 사업보다 평생직업인 화가가 되고 싶다"며 본인의 진로를 이야기하는 자그마한 키에 다부진 인상이다. 거기다 아들딸 아내의 생계를 다 준비해 두었다는 작고 매운 사람이다. 사업에 애착이 20퍼센트라면, 화가가 되고 싶은 욕망이 80퍼센트라며 그는 오늘 동터오는 산등성이에 서서 해를 바라보면서 좋아하는 길을 가겠다 다짐하고 내려왔단다.

나는 최재천 교수님의 '인생 이모작을 하라'와 '통섭'을 추천한다. 요즘 캥거루 젊은이들이 수두룩한데 아버지를 일찍 여읜 아픔이 오히려 저 미래의 화가를 만들지 않았나 숙연해진다.

요즘 부모로부터 평생 애프터 서비스를 받는 젊은이들이 얼마나 많은가. 그는 이제 화가로 등단하였으니 작품에 책임질 수 있는 화가가 되어야 한다면서 본인의 포부를 말한다. 그리고는 휴대폰이 터지지 않는 이곳에서 사진을 찍어 저장했다가 인물화를 그려서 이메일로 보내준다며 또 산길을 나선다.

저녁 식사 시간에 내 앞에 그가 와 섰다. 산등성이를 걷고 있는데 속초에 사시는 장인 어른한테서 보고 싶다며 얼른 오라 하여 오늘 밤에 가야 해서 지금 인사를 드리러 왔단다. 어떻게 연락이 되었느냐 물으니 산 위에는 휴대폰이 터진단다.

아버지를 일찍 여의고 착하게 자라준 사위가 얼마나 대견할까? 외롭고 의지할 곳 없었던 그때를 생각하면서 세상의 한 줄기 빛 같은 등을 기대고 싶었던 아버지의 정을 찾아서, 장인어른을 뵈러 가는 저 미래의 화가에게 축복이 있으라 빌어본다.

손을 흔들면서 그는 길을 떠난다.

2일차

> 숲을 지날 때 다람쥐가 풀숲에
> 개암 감추는 것을 바라볼 틈도 없다면
> 근심으로 가득 차
> 가던 길 멈춰 서서
> 잠시 주위를 바라볼 틈도 없다면…

헨리 데이비스의 시 '가던 길 멈춰 서서'를 떠올려 본다.

우리 사는 세상이 얼마나 지치고 빠르게 돌아가는지 이곳에 와서 깨닫는다. 오래 머무는 환자들과 간혹 머리를 식히러 온 사람들로 조용한 산야다.

눈을 들어보니 뭉실뭉실한 산허리가 눈앞에 와 닿는다. 털이 덥수룩한 사자가 허리를 눕혀 쉬고 있는 것 같다. 저 산허리에 찌든 내 머리를 누이고 싶다. 별들이 하나둘 밤하늘에 수를 놓는 이곳에서 사흘은 하루하루가 빛살같이 가버렸다.

오늘은 금요일부터 주말이라 삼성전자 직원들과 여러 회사에서 머리를 식히고 새로운 아이템을 건지려고 들어온 젊은이들이 많아 활기가 넘친다. 이시형 촌장도 강의하러 들어오셨다. 기대를 하며 강의실로 갔더니 각 회사에서 온 젊은 청년들을 위한 내용이다. 우리는 들어갈 수 없다기에 돌아선다.

탄산천 물에 몸을 녹인 후 숙소로 가는 다 늦은 밤 언덕에 어인

조팝꽃

뭉게뭉게 하얀 구름이 앉아있나 하고 달려갔더니, 조팝꽃이 하얗게 밤을 밝히며 피어 있다. 전등이 다 꺼진 밤하늘에는 별들이 따라오라 손짓한다. 이 산촌에 조팝꽃 하나 피어 올리면 밤하늘에서는 별이 하나 떠서 화답한다. 그건 하늘과 땅의 합일合一이다.

내 어린 날 언제 파도가 쓸어갈지 알 수도 없는 작열하는 여름 바닷가에서 모래성을 쌓았던 그때를 생각해 보며 오늘 밤 철도 없이 손에 잡히지 않는 별을 헤고 있다.

총총 종자산에
온갖 열매들이 몸을 불린다

조팝꽃도 화답으로
땅김 피워 올리는 산야山夜

그건
하늘과 땅의 환희다

– 시〈조팝꽃〉일부

3일차

캄캄한 칠흑의 어둠이 별을 빛나게 하듯 새벽은 모든 살아 있는 것들을 밝히며 산은 풍성한 허리를 내어준다. 단잠을 자고 일어난 산사의 아침에 지난밤 몰래 내린 비가 하얀 안개로 수채화 한 폭 그려놓았다. 안개구름이 하늘을 오르는 산길을 따라 걷는다.

제1강의 장소 잣나무 숲을 따라가니, 까만 점박이 청개구리 한 쌍이 아침을 연다. 그들의 사랑을 사진으로 남기고 제5강의 장소 소나무 숲속까지 들어섰다. 작년에도 어제도 여기까지만 내려와 발을 멈추고 숙소로 돌아갔다.

낮은 언덕 틈새로 비치는 햇살을 따라 들어선다. 생명을 다한 늙은 소나무가 길을 막고 누워있다. 더 이상 들어가지 말라는 표시인가 보다, 하며 돌아서려는데 아침 햇살이 숲속 사이로 보일락말락 수줍은 얼굴을 내민다.

햇빛을 따라 오늘은 저 숲속을 한번 가보자면서 들어선다. 또 하나의 소나무가 빨갛게 말라버린 솔잎을 달고 쓰러져 길을 막고 누워있다. 그 위를 지나 햇살이 손짓하는 대로 작은 고개를 지나 들어서니 '비밀의 정원에 온 것을 환영합니다' 란 팻말이 세워져 있다.

아무도 없는 이곳에 축축한 땅을 짚고 억새 숲이 서로를 의지하고 일렁거리다 지쳐 허리를 접고 누워있다. 올라올 새순을 위해 작년 억새는 자리를 내어주고 있다. 그 옆에 세워진 팻말에 도종환 시인의 '갈대', "가을 내내 자늑자늑 흔들리는 억새풀" 이라 새겨져 나를 기다리고 있다.

아무도 오지 않는 이곳에서 갈대는 혼자 흔들리다 지쳐 쓰러졌나 보다. 신경림 시인의 '갈대' 에서 "언제부턴가 갈대는 속으로 조용히 울고 있었다"를 읊어 보며 숲속으로 들어가니 '약초재배'라는 팻말이 길을 막는다. 이번에도 놓칠 뻔한 발길 닿지 않는 작은 풀숲에 시 한 편이 사람을 기다리는 이곳은 비밀의 정원이며 피안의 정원이라고 이름 붙여주고 발길을 돌린다.

보물을 하나 찾은 듯 신이 나서 산을 내려와 일찍 나온 당직 사무실 직원에게 "나 오늘 비밀의 정원에 갔다 왔다" 하며 어린 아이마냥 자랑을 늘어놓았다. "그곳까지 가는 사람은 좀처럼 없는데 어떻게 가셨느냐"며 직원은 나를 한껏 부추겨 세워 준다.

아뿔싸! 저들이 다 알고 있었구나 하면서 이달균 시인의 '관계'란 시를 떠올린다. "혼자 이곳까지 걸어왔다고 말하지 말라/ 그대보다 먼저 걸어와 길이 된 사람들"을 떠올리며 이번 방문에서 얻은 큰 수확을 가슴에 담아 넣는다.

하늘에는 별똥별이
화답으로 뭉게뭉게 피어오르고
조팝꽃 피는 선仙마을에

점박이 청개구리 엉금엉금
사랑놀이하고
텃새는 구구구 아침을 연다.

― 시〈점박이 청개구리〉일부

홍천 비발디

4일차

　힐리언스에 룸이 없어 계속 머물 수 없어 홍천 비발디에서 1박하고 다시 들어오는 사람도, 여기서 1박하고 나갔다 다시 들어오는 사람도 있다. 얼마나 휴식이 필요한 사람이 많아지는 세태인지 그동안 정신과 질환도 많이 늘어났다. 안개 속 앞산이 한 폭의 수채화로 다가와 서 있다. 아침 햇살이 떠오르기 전 밤새도록 치마폭 펼친 화폭에 누가 와서 수묵화, 수채화를 뿌려놓았다. 언제나 왔다가 이 숲을 나갈 때면 친정집을 떠나는 아쉬움이다.
　환자들은 1,2년씩 머물면서 완치되어 나가는 사람도 많다. 친정 온 딸에게 하나라도 들려서 보내듯이 집으로 돌아가는 날 꼭 점심을 먹여서 보내는 훈훈한 인정도 이곳을 다시 찾게 하는 긴 그리움의 여운이다.

알래스카 크루즈 여행

1일차

비행기는 나를 영화 '잠 못 이루는 밤'에 나온 시애틀로 옮겨다 놓았다. 마치 영화 속 주인공이 된 듯 보이는 모두가 설레임이다. 하늘에서 내려다보니 햇빛에 반짝이는 유니온 호수는 보석을 깔아놓은 것 같다.

시애틀은 자연과 사람이 공생하며 숨 쉴 수 있게 잘 설계된 초록의 조형물로 이루어진 것 같은 풍경이다. 게이트를 빠져 나온 우리 일행은 다른 비행기로 오는 일행을 기다리는 시간 동안 보잉사 공장으로 갔다.

번데기에서 알을 깨고 갓 나온 초록 애벌레 같은 보잉 777, 787기들이 줄지어 누워있다. 어떤 것은 갓 태어난 새끼들을 어미가 핥아 겉을 말려주듯 동체를 햇빛에 말리고 있다.

처음 만들어져 도색하지 않은 비행기의 색깔은 연초록이다. 엄청난 가격이지만 많은 비행기들이 계약되어 있다니 나라도 개인도 부의 위력이 실감났다. 그래도 콜롬비아 76층 빌딩을 우리 삼성건설이 지었다는 가이더의 설명에 어깨가 으쓱해진다.

스페이스 니들 타워에서 하늘을 올려다보았다. 해외여행의 마지막이라 불리는 알래스카 크루즈에서는 그동안 내게 덮쳐 있던 모든 시름을 떠나보내겠다 마음먹었다.

미국 산업의 메카 아마존닷컴, 마이크로 소프트, 포드자동차가 있는 이곳은 젊은이들을 설레게 하는 희망의 보고라고 한다. 헨리 포드는 전철을 사서 모두 불에 태워 가면서까지 포드 자동차 산업을 키웠다고 했다. 반면 철도산업이 후퇴된 이곳의 러시아워 때는 서울처럼 도로가 꽉 막힌다고 한다.

연어 알을 부화시켜 바다로 보낸다는 부화장 수족관은 관광객들을 불러 모으고 있다. 연어 부화장을 보니 노르웨이에 갔었을 때 우리나라 수산대학교 연구진들이 연구하고 있는 부화장에 갔을 때가 생각났다.

이곳에 스타벅스 1호점이 있다. 커피 맛을 볼 기회가 생겼다며 모두가 들떠 있는데 내일 승선하여야 하기에 첫날의 관광을 마친다는 가이더의 말에 아쉬움으로 접었다.

2일차

벨뷰(Bellevue)에 위치한 샤토 미셸(Chateau Ste. Michelle) 와이너리에 왔다. 이곳은 울창한 정원과 포도밭을 구경할 수 있는 매장이다. 생산되는 포도주는 이곳에서 소비가 다 되기 때문에 수출하지 않아 한국에는 알려지지 않았단다.

공짜라더니 와서 보니 5달러씩을 내야만 시음할 수 있었다. 공짜면 양잿물도 마신다고 모든 관광객이 다 시음하면 안 될 테니 영업 차원에서 만든 자신만만한 배짱이다.

이곳까지 와서 그대로 떠나려니 옵션에 포함된 금액이 아까웠다. 그냥 돌아서는 것은 짤츠캄머굿에서 나폴레옹의 별장과 만년설로 뒤덮인 알프스 산자락 '사운드 오브 뮤직'의 국경을 넘어가는 명장면을 놓친 것 때문에 얼른 시음을 해 봤다.

그러나 달콤한 맛을 좋아하는 내겐 별로였다. 구매를 포기하고 나오려는데 얇은 옷만 준비해 온 내 눈에 기모가 들어있는 후드 추리닝이 들어왔다. 포도 물로 염색하였다는 설명에 매료되어 XXX 제일 큰 사이즈로 엉덩이까지 덮어서 추위를 넘겨 보려고 샀다.

일행들과 포도밭을 구경했다. 칠레에서 끝없는 포도농장을 본 나는 고작 이 정도로 어찌 와인을 생산할 수 있을까 하였다. 포도농장은 다른 곳에 있으며, 여기 매장에서는 포도주 숙성 과정을 보여주기 위한 샘플로 만들어 놓았단다.

포도농장을 나와 선착장으로 갔다. 정박하고 있는 셀러브리티

살스티스(Celebrity Solstice)호를 보니 선두와 선미가 아득하다. 인천에서 온 자매는 어깨에 둘러멘 카메라 앵글에 다 잡히지 않는다며 선미, 선두로 나누어서 카메라에 담고 있다.

정원이 2,850명인 선박인데 사람들이 동시에 승선을 하려니 인산인해를 이룬다. 색깔대로 나눠준 택(Tag)을 가방에 붙여 두고, 승선부터 하선할 때까지 대신하는 카드를 목에 걸고 배에 올랐다.

3일차

새벽에 누가 다녀갔는지 방문 앞에 전일 항해라는 뉴스지가 꽂혀 있다. 서두를 것도 없이 늦은 아침을 먹었다. 길치라 내 방을 찾지 못하면 어쩌나 하는 마음에 나가기가 두려웠다. 하지만 이제부터는 여기가 며칠 살다가 갈 내 동네라며 스스로 위로하며 방을 나선다.

면세점, 카지노, 카드룸, 도서관, 대극장, 조깅트랙, 수영장, 농구코트, 미니골프장, 헬스장, 마사지실, 솔라리움, 스파, 버블탕, 9개의 레스토랑과 12개의 바, 라운지 등에 사람들의 움직임들이 질서 있게 돌아간다.

잘 갖춰진 시설들 때문에 전일 항해를 하여도 조금도 지루한 것을 느끼지 않는다. 부지런한 사람들은 준비된 모닝커피와 과자를 먹으면서 아침 4시의 일출을 보았단다. 장엄한 일출은 바다에서 뭉긋 솟아오르는 것만 같았단다.
 언제나 여행할 때 새벽같이 일어나 낯선 마을들을 둘러보다 길을 잃은 적이 한두 번이 아니었는데, 일출을 놓치다니 이래서 가슴이 떨릴 때 여행을 하라 했던가 보다.
 다리가 떨려오는 나이가 장엄한 일출은 놓치다니 잠깐 허탈감이 들었다. 다음 일몰은 놓치지 않고 보겠다며 정찬 뒤 14층으로 올라가니 먼 바다를 바라볼 수 있도록 넓은 공간에 라운지가 꾸며져 있다. 밤 9시 40분경에야 저녁 해는 꼬리를 물고 물속으로 풍덩 빠져든다. 해를 따라 물고기 비늘 같은 물결들이 어둠 속으로 가라앉는다.

4일차

 아침 6시부터 10시까지 트레이시 암 피요르드를 유람선이 지나는 코스라고 알리는 소식지가 방문 앞에 꽂혀 있다. 서둘러 14층 뷔페 라운지로 가니 일찍부터 사람들이 와서 자리를 가득 메우고 있다.
 선박 양옆으로 솟은 높은 산자락을 따라 곳곳에서 흘러내리는 자그마한 물줄기의 폭포들과 빙하로부터 떨어져 나온 유빙이 보였다. 주변의 자연이 멋지게 어우러져 둥둥 떠가는 유빙을 선상에서 바라보니 뉴스에서 말로만 듣던 지구의 성냄을 보고 있는 것 같다.

유빙이 떠다니는 피요르드를 135,000톤의 15층 유람선이 물길을 가르며 알래스카를 향하고 있다. 유빙은 꼭 하늘의 구름과 같이 점점이 떠서 물 위를 흘러간다. 유빙을 따라 보트를 타고 바싹 따라가는 사람들, 지금은 재미 삼아 유빙의 꼬리를 따라 다니지만 지구 온난화로 지구가 물바다로 바뀌면 어떻게 하나 걱정이 된다.

오늘은 다른 날보다 선상이 부산하다. 그때 방송실에서 항해하는 오른쪽을 보라는 멘트에 사람들은 번개같이 한쪽으로 몰려간다. 한편 이렇게 큰 배지만 한쪽으로 몰려도 안전한가 하고 잠시 걱정을 해 보았으나 그건 기우였다.

물 위를 바라보니 커다란 돌고래 가족이 유빙에 올라왔다 뛰어내리며 인위적으로 길들여진 것이 아닌 야생 그대로의 멋진 다이빙 쇼를 펼치고 있다. 모두는 카메라에 담기도 망원경으로 관찰하는 사람들로 부산하다. 한발 한발 유람선은 알래스카 빙하에 더욱 더 가까이 다가가고 있다.

오래 전 타이타닉호가 출항한 캐나다 노바스쿠샤에 갔던('오직 바람뿐인 그 밤에' 서 발표하였다) 그 추웠던 기억이 떠올려진다. 이곳은 만을 낀 항해다 하고 안도의 숨을 내쉰다.

살스티스호는 세계 인간시장 같다. 여행 중에 항상 느끼는 것은 다양한 국가의 사람들이 모여도 소통할 수 있는 것은 하나의 통일된 언어다. 영어권이 아닌 나를 비롯한 사람들은 더듬더듬 손짓 발짓으로도 본인의 의사를 전달하면서 즐기고 있다.

5일차

　밤을 달려 중간 지점인 연어들의 고향, 독수리의 펼친 날개라는 의미를 지니고 있는 케치칸(ketchikan) 항구에 도착했다. 공원을 가만히 보니 낯익은 장소다. 우리나라 솟대같이 이곳 공원에는 새들로 솟대를 만들어 높이 세워 놓았다.

　캐나다 뷰차드 가든을 관광할 때 이곳을 들른 기억에 친밀감으로 다가온다. 온화한 기후와 뛰어난 자연의 아름다움을 지닌 축복받은 땅이다.

　텐더로 옮겨 타고 배에서 내려 항구를 둘러본다. 연어가 알을 낳는 하천을 따라 상점들이 즐비하게 서 있다. 산딸기가 발갛게 익은 언덕은 마치 연어알처럼 보인다.

　하천 위로 손이 닿을 듯 말 듯, 산딸기가 바람결에 흔들리며 우리를 맞아 준다. 만년설이 녹아서 산을 타고 내려온 물살이 쏴 하며 떨어진 딸기를 싣고 달아난다.

　알래스카 빙하, 연어가 그려진 티셔츠 몇 장을 사고는 승선하려니 복잡하다. 하선할 때는 나눠준 룸 카드로 신분증을 대신하면서 내렸는데, 승선할 때는 까다로운 공항검색대 같다. 절차를 마치고 들어와 아침부터 밤 1시까지 식사가 준비되어 있는 14층 뷔페식당에 갔다.

　내 집 주방처럼 마음껏 시장한 배를 채우고 룸으로 가려는데 아무리 찾아도 8177호를 찾을 수가 없다. 이 복도 저 복도를 따라 여기저귀를 가봐도 아니다. 한참을 찾다 포기하고 지나가는 사람을 기다리고 있을 때 마침 하루에 2번씩 청소하는 승무원한테 겨우 물어서 방을 찾았다.

승선 카드 하나로 수속 시 등록한 신용카드와 연계되어 선상에서 신용카드를 대신하며 승하선 시 신분증 역할과 선실의 열쇠로도 사용된다. 라운지 바 정찬 때 와인 한 잔에 1달러의 현금도 유통되지 않는데, 승선 카드는 여권과 같은 효력을 가지고 있다.

주어진 자유 시간에 바다에만 떠 있는 소속감에서 벗어나 제각기 쇼핑을 하고 마을을 둘러보고는 모두 소꿉장난을 하다 엄마의 부름에 달려오는 아이들같이 선내로 들어온다.

1991년 5월 첫 번째 크루즈 여행으로 승선할 때 선장이 나와서 악수로 맞이해 주며 사진사가 사진을 찍어주었는데, 마음속으로 이번에는 두세 배의 큰 톤수라며 기대를 잔뜩 하고 있었다. 그러나 환영 절차도 없이 승선하였다.

그런데 오늘 밤은 선장과 승무원들의 환영파티가 있단다. 그러면 그렇지 그땐 1,000명이 정원이었으니 개인 개인의 환영이 가능했을 것이다. 의문의 실마리를 풀어놓고 준비해 간 두 벌의 한복 중 하나를 입고 만찬장으로 나갔다.

크루즈 여행 때 뷰디풀, 심지어 손가락을 치켜 올리며 퀸이라 부추겨 주는 사람들이 있어 공항으로, 기내로 한복 상자를 들고 다니는 건 여간 불편한 것이 아니지만 가져오기를 참 잘하였다는 생각이 들었다.

알래스카 크루즈 여행

한복차림으로 국위선양

지난번 찬사를 받은 한마디 칭찬도 있었지만 우리 고유 의상을 알리는 것도 하나의 국위선양이라는 마음에 힘들어도 들고 다닌 거다.

같이 간 일행들도, 텍사스에서 부부 동반으로 온 교포들도 한복을 챙겨오지 않은 것을 아쉬워했다. 어떤 외국인은 중국 또는 일본에서 왔느냐 하니 한복을 세계에 알리기 위해선 기회 있을 때마다 꼭 챙겨서 입어야겠다.

첫날 승선하여 안전교육 때 영어, 중국어, 한국어로 세 번째 설명한 만큼 한국 위상이 올라갔지만 아직도 한국인을 중국, 일본과 헷갈리니 더 노력해야 할 일이다. 그래서 난 솔라리움, 버블탕, 라운지 등에서 만나는 사람마다 웃음으로 인사를 했다.

어디에서 왔느냐 하면 나는 코리아 서울에서 왔다고 하니 단번에 아는 사람, 그래도 모르면 2002년 월드컵까지 들먹여 가며 서울이라 하니까 그때서야 환히 웃으며 안다고 하는 사람, 이렇게 선상에서의 하루하루는 짧게 지나간다.

6일차

둥둥 떠가는 유빙과 유람선이 밤을 같이하며 생태의 보고인 주노(Juneau) 항으로 왔다. 피요르드가 발달한 가스티누 해협에 근접한 이 도시는 구릉지대에 위치해 있으며 알래스카에서 최고의 장관을 이루고 있는 곳이다. 로버트 산(1,097m)과 주노 산(1,090m)이 있으며, 앞바다에는 만이 120km의 너비로 길게 늘어서 있어 태평양으로부터 불어오는 바람을 막아주어 바다는 잔잔한 호수 같다.

멀리 보이는 설산과는 먼 남의 나라의 기후같이 풀들이 누워서 신록을 뽐내고 있다. 차들이 지나가는 도로에는 분홍색 잔디가 꽃처럼 흔들리고 있다. 설산이 우리를 손짓하는 주노 항구에 하선하여 버스를 타고 헬기장으로 이동했다.

떠나오기 전 ○○관광 담당 가이더가 그리 두꺼운 옷은 준비하지 않아도 된다기에 두툼한 옷은 안 가져오고 초봄 옷만 준비하였는데 아니었다. 일단 시애틀 와이너리 매장에서 산 후드 추리닝에 긴팔 티셔츠까지 다 꺼내어 세 겹으로 입고 팬티스타킹으로 내의를 대신했다.

봄 바지도 두 개나 껴입고 전날 산 무릎 담요와 스틱을 갖고 헬기장에 도착했다. 무게를 줄이기 위해 가방이랑 소지품은 상자 속에 넣어두고 타라는 지시에 따라 깜빡 잊고 담요를 두고 헬기에 올랐다.

설산의 눈바람은 매서운 우리의 겨울 날씨 같다. 내 옆 좌석의 뚱

알래스카 설산 풍경

뚱한 외국인에게 밀려 설산에 꼭 떨어질 것만 같았다. 초조한 가운데서도 헬리콥터에서 내려다보이는 계곡에는 녹지 않은 흰 눈과 파릇파릇 돋아나는 녹색 풀들의 조화는 그림에서나 보아왔던 화폭이 눈 앞에 펼쳐진다.

헬기가 상공을 날아 멘던홀 빙하를 몇 바퀴 빙빙 선회하다 착륙할 곳을 찾아 내린다. 헬기 날개의 바람으로 겨울 날씨같이 차갑다. 막사 안으로 들어가려고 문을 찾으니 꼭꼭 잠겨져 있다. 오들오들 떨면서 옹기종기 둘러선 사람들 등 뒤로 몸을 숨겼다. 사람 등 뒤가 이렇게 따뜻하다는 것을 초등학교 다닐 때 언덕 밑을 따라 걸었던 그때를 생각나게 한다.

겨우 사람들의 훈기로 가이더 설명을 대충 눈치로 알아듣고 빙하를 살펴보니 거긴 또 하나의 계곡들로 형성된 빙하가 녹아 작은 피요르드를 만들어 내고 있다. 빙하는 일곱 가지 빛깔 중 파란 빛만 고집한다.

옥구슬을 풀어 놓은 것 같은 물에 엎드려 입으로 물을 마시는 사람, 손으로 떠서 만져보는 사람, 빙하 위에 선 가이드는 녹아내린 진흙을 떠서는 얼굴에 문질러 가며 마사지 시범을 보여준다. 저렇게 종일 빙하 위에서 일하는 사람도 있는데, 하며 추위를 참아본다.

도착해서 몇 분 후에 떠날 수 있느냐고 물어보니 10분이란다. 10분이 이렇게 긴 시간인 것이며, 또한 10분이 눈 깜박할 순간인가. 그동안 얼마나 많은 10분을 무의미하게 흘려보냈는가. 그 소중함을 이제야 깨닫는다. 한참을 서 있으니 의외로 견딜 만하다.

그러기에 가이드는 사방으로 둘러쳐진 파릇파릇한 언덕에서 금방 사슴이라도 나올 것만 같은 빙하 위에서 추위도 잊은 채 설명하고 있나 보다. 한편 바라다보이는 언덕은 알프스 산 자락의 전원 같다. 봄과 여름이 있어 숨을 쉬고 졸졸 물이 녹아 흐르는 빙하에 발자국 하나 남겨두고 돌아온다.

7일차

클론-다이크 골드 러시 스캐그웨이(klondike Gold Rush Skagway), 북풍이 불어온다는 뜻을 가진 주노 기항지에 유람선은 정박한다.

조세프 주노(Joseph Juneau)와 리차드 해리스(Richard Harris)가 금을 발견하면서 1900년에 알래스카 지방의 주도가 되었다.

　우리는 유콘까지 그 옛날 금광석을 실어나르던 산악 철도 화이트 패스 레일로 높이 870m의 아직 녹지 않은 만년설로 뒤덮인 산으로 기차를 타고 오른다.

　가이드가 올해는 눈이 많이 녹아서 초록산을 많이 볼 수 있단다. 보기만 하여도 아찔한 차창 밖으로 아름다운 경관을 제각기 자유자재로 카메라에 담기에 바쁘다. 절벽을 따라 기차는 꺼이꺼이 힘겨운 듯 올라간다. 산허리를 돌아갈 때 도마뱀이 제 꼬리를 물고 돌 듯 날렵한 허리를 휘감으며 기차는 달린다.

　레일은 편도로 깔려 있어 좋은 경관을 감상하려고 사람들이 좌측으로 몰려 있고, 한쪽은 텅 비어 있는 불균형 속에서도 균형을 잃지 않는 이 험산의 균형은 납작 엎드린 작은 꽃들의 땅 당김인가 보다.

8일차

　오늘은 전일 항해란다. 늦잠을 자고 10시부터 1시까지 메인 정찬 레스토랑에서 스페셜 브런치 뷔페가 열리는 날이다. 자리가 배정되어 있는 3층으로 갔다. 언제 일어났는지 식사를 끝낸 사람들은 레스토랑을 나가면서 어디 어디에 무엇이 있다고 친절하게 알려준다.

대게, 훈제 연어, 바비큐 등 신선한 현지 음식들로 다양하게 준비되어 있다. 지정된 자리를 놔두고 우선 뷔페가 차려진 가까운 곳에 식사를 끝낸 빈자리 하나를 찾아 앉았다.

디저트로 준비된 케익, 쿠키, 과일 퐁듀 등이 제공되고 있다. 이 음식들은 쿡, 그들의 솜씨 자랑이다. 그것을 카메라에 우선 담았다. 일찍 와서 카메라에 다 담지 못한 것을 아쉬워한다. 같은 음식으로 두 군데 차려진 것 중 늦게나마 가지런한 것을 골라 앵글을 맞췄다. 무엇보다 이번 여행 중 김밥과 누들 김밥이 매일 뷔페식당에서 있어 좋았다.

느긋하게 식사를 끝내고 버블탕에 몸을 담궜다. 멕시코에서 왔다는 정신 장애가 있는 아들과 함께한 중년 신사는 알아듣지도 못하는 아들에게 내가 한국에서 왔다고 알려주니 우리나라를 열심히 설명해 주고 있다. 그는 한국에 대해서 다양한 지식을 갖고 있는 자상한 아빠같이 보였다.

버블탕을 나와서 바다가 손에 잡힐 듯 눈앞에 펼쳐져 있는 솔라리 룸으로 갔다. 유일하게 이곳만이 하루에 23달러를 받는다. 꼭 우리의 찜질방 같다. 유리 칸막이로 되어 있는 방에서 따끈따끈 몸을 녹이고, 옆 룸으로 옮겨 휴식을 취한다.

침대에 누워서 책을 읽는 사람, 끝없는 수평선을 바라보는 사람, 이 만물상들의 모습을 실은 배 밑의 포말들은 버블탕에서 보았던 그 아이 아버지의 한없는 사랑을 보는 것만 같다.

9일차

마지막 송별 파티가 열리는 밤이다. 제각기 가져온 옷 중 가장 아름다운 옷으로 갈아입고 만찬장에 들어선다. 유럽인들은 손자 손녀까지 양복에 빨간 나비넥타이와 드레스를 입혀 데리고 함께 가족사진을 찍는다.

선장이 쿡들을 한 사람 한 사람 인사시킨다. 밴드, 악단 단원들 매일 밤 스테이지에서 춤을 선보이던 무용수, 가수 각 분야에서 일하는 승무원들을 소개시켜 준다. 노래와 춤을 잘 추는 사람들은 그들과 신나게 춤을 추며 즐기는 작별의 이브닝 파티다.

여행은 아는 것만큼 보인다고 했다. 그중 크루즈 여행은 노래와 춤, 부지런해야만 시설물들을 다 이용할 수 있다. 제일 기억에 남는 것은 정찬 때 인도네시아 발리에서 왔다는 서비스 담당자는 뛰어난 솜씨다.

꼭 요술쟁이같이 식탁에 있는 앞수건으로 금방 마우스 두 마리를 만들어 냈고, 티슈 한 장으로 하얀 장미 한 송이를 만들어 바치며 우리를 깜짝 놀라게 해줬다. 본인을 '빨리 총각' 이라 불러 달라고도 했다. 한국의 빨리와 같다며 발리, 자기의 고장으로 여행을 가보란다.

이브닝 디너 때마다 우리를 기쁘게 해 주는 서비스 담당자 만남도 좋았다. 그는 우리 일행의 테이블에서만 티슈로 만든 백장미를 선물했고 우리는 그럴 때마다 환호를 했다.

봉사료가 선불로 지급되었으나 헤어질 때 마음을 봉투에 담았다. 자기 일에 열심인 '발리 총각, 건강하세요' 하며, 오늘 밤은 이별의 노래로 피날레를 장식했다.

유럽인들은 내일 하선하는 것이 못내 아쉬운 듯 춤을 추며 밤이 다 가도록 바에서 한잔 와인을 들고서 흥얼거린다. 방송은 그동안 선내에서 찍은 사진들을 찾아가란다. 첫날 만찬장에 들어갈 때 입구에서 찍은 사진은 아무리 찾아도 없다.

이번 여행을 위해서 새로 맞춰 가져온 한복을 입고 찍은 사진이다. 손짓 발짓으로 사진사를 졸라서 찾아달라 하고 내 카메라에서 찾아보라 보여주었다. 한참을 뒤지더니 지난번 중남미 여행 때 아르헨티나에서 찍은 장면이 나온다. 그것을 보고는 자기 고향이라며 나를 마치 고향 사람을 만난 듯 반가워한다.

그가 성의를 다해 컴퓨터에서 사진을 찾아보았으나, 환영식 만찬 때 찍은 사진만 없고, 두 번째 만찬 때 입은 모시 한복 사진만 있다. 선내 사진사가 찍어주는 사진만 믿고 있었는데 없다니 아쉬움이 컸다. 첫날 한복을 입고 같이 포즈를 취한 인천에서 온 투 시스터에게 이메일로 보내달라 부탁하고는 마지막 밤을 마무리한다.

10일차

유람선은 시애틀로 다시 돌아왔다. 하선을 하니 첫날 만났던 ○

○관광 가이드가 나와 우리를 반긴다. 꼭 인천공항에 다 온 것 같은 기분이 든다. 첫날 도착했을 때 못 마시고 떠난 스타벅스 1호점 (The First Star Buks)에서 줄을 섰다.

우리는 관광객이라 십오 분 이상 기다려야 하는 대열에 기다릴 시간이 없다. 다행히 먼저 줄을 선 우리 일행의 차례다. 그분이 다 사는 걸로 줄을 선 현지인과 계산대에서 양해를 구하고 볶은 커피를 사서 나왔다.

생선을 던져서 판다는 Flying Fish 상점에 가서 싱싱한 생선을 구경하고 나오는데 내가 좋아하는 체리가 한국보다 많이 싸서 한 봉지 샀다. 양이 많아 33명 일행들과 나눠 먹고도 남아 나머지는 가이드에게 주었다. 소액 달러도 모아 요긴하게 쓸 수 있구나 하는 생각을 하며 관광을 마무리한다.

일행들은 인천을 향하고 나는 이 기회에 뉴욕을 가보지 않으면 언제 오겠느냐며 델타 항공으로 존 에프 케네디 공항으로 수속을 밟는다. 이 항공사는 무게를 초과하면 가방 하나에 추가 요금을 받는다. 무게를 재니 아슬아슬하게 49파운드로 겨우 통과라며 승무원은 럭키라며 손가락을 들어 보였다.

가이드는 당일 밤 11시 15분에 케네디 공항에 도착할 것이라 일러주고는 인천으로 떠났다. 시계를 보니 밤 9시 15분, 2시간을 더 가야 되나 보다 했는데 모두가 내릴 준비를 한다. 물어보니 존 에프 케네디 공항이란다.

부랴부랴 출국장으로 나오니 내 이름이 써진 팻말을 들고 가이드가 기다린다. 그제서야 로컬 타임을 계산하지 않고 알려준 걸 알았다. 멕시코 공항 에스컬레이터에서 거꾸로 누워서 내려온 아슬아슬한 일들도 있었다.

가이드는 호텔로 가는 차 안에서 여긴 류현진이 내일 경기할 야구장이다, 저긴 어디다, 하며 열심히 설명한다. 설명해 주어도 아무것도 보이지 않고 알 수도 없으니 안전 운전만 해 달라 부탁하여도 본인의 소임을 다하는 베테랑 가이드다.

밤 12시가 넘었는데도 식당으로 안내한다. 헤어질 때 10달러의 수고비를 건네니 저녁밥을 숫자대로 시키지 않았으니 이미 팁을 받은 것과 같다며 거절한다. 이렇게 정직한 가이드에게 슈퍼에서 물을 사면서 애들 과자를 고르라고 하니 본인은 총각이란다. 몇 개를 사주고 남은 잔돈을 다 주어도 아깝지 않은 기분 좋은 만남이다. 본인을 김조지라 소개한 청년에게 건강하라 빌어주며 작별을 한다.

11일차

아침을 먹으려 식당을 찾으니 빵 몇 조각과 우유와 과일로만 준비되어 있다. 살스티스(Solstice)호에 새벽 해 뜰 때부터 밤 1시까지 야찬과 정찬, 뷔페식당에 지천으로 차려진 그 많던 음식을 생각해 보니 결코 비싼 여행이 아니라는 걸 말해 준다.

아무리 아침을 때우는 간단한 식사라지만 이건 아닌데, 하면서 뉴욕 시내 관광을 나선다. 버스에 오르니 미국에서 사는 교포와 서울에서 온 사람들을 태운 버스 두 대가 움직인다.

경주에서 남매를 데리고 왔다는 젊은 엄마, 서울에서, 대전에서 오신 할머니는 딸 둘과 손자 손녀를 데리고 여행을 하고 있다. 여행경비는 할머니가 다 내었단다. 이번 알래스카 여행에서도 영주 시청에서 근무한다는 딸과 78세 된 노모와 여행하는 데 효녀라 하니까 엄마 때문에 효녀 한번 된다고 하였다.

인천에서 온 자매의 부친은 언제나 영어 공부를 하였으며, 여행광이었던 아버지는 과로사로 돌아가셨다고 하였다. 참으로 행복하게 살다 가신 분이다. 그녀의 아버지가 물려준 유산으로 크루즈 여행을 마치고 자매는 시애틀에서 인천으로 돌아갔다.

TV에서나 책자에서만 보아왔던 자유의 여신상을 보러 선착장으로 향한다. 불볕에 사람들의 대열은 끝도 보이지 않는데 선을 잘라서 다음 배를 타란다. 근처 쇼핑몰에서 구경하고는 일찍 대열에 섰다. 이번 배를 타지 못하면 다음 여행지로 가지 못한다. 서서 기다리기란 정말 힘들다.

빙하가 미끄러울 것이라 가지고 왔던 스틱을 버스에 두고 내렸다. 다음부턴 꼭 스틱을 가방에 넣고 다녀야겠다. 배에 올라 경북 칠곡이 고향인 교포 부부와 자리를 같이했다. 30대에 유학을 왔으며 딸 셋이 모두 예일대를 나와서 성공한 교포 2세로 일한단다. 로스앤젤레스 동국대학교 한의대 총장이라며 본인을 소개한다.

교포들도 뉴욕 시티를 관광으로 오지 않으면 구경 한 번 못하고 일생을 마치는 사람들이 많다고 한다. 라스베이거스에서 온 세 쌍의 부부도 뉴욕이 초행이란다. 라스베이거스 파친코에 들어갔다 매캐한 담배 연기 때문에 나와서 일행들의 놀이가 끝날 때까지 현란한 불빛이 비친 호숫가에서 나 혼자 기다렸던 이야기로 빠르게 친구가 되었다.

이번 여행에서 뉴욕 맨해튼 거리를 걸어보는 것과 브로드웨이에서 전통 뮤지컬을 보는 것은 사람들의 로망이다. 맘마미아, 라이언 킹, 레잇비 셋 중에서 희망하는 것을 골라 신청하란다. 나는 맘마미아는 서울에서 보았다. 그러기에 레잇비를 신청했다.

4명의 보컬그룹으로 기타와 피아노로 연주한다. 음악에 대해 잘 모르는 나는 이럴 줄 알았으면 맘마미아를 한 번 더 볼 것을, 후회해 보아도 이미 늦었다. 그런데 1층 좌석 앞 홀을 바라보니 1막이 끝나고 잠깐의 휴식 시간에 잘 차려입은 중년의 부부들이 일어서서 춤을 추고, 2부가 끝나갈 때 가수들을 격려해 주며 다 함께 일어나 춤을 흥겹게 춘다.

이렇게 음악을 즐기면서 살아온 저들의 삶에서 아는 것만큼 보인다는 것을 새삼 느끼면서 극장 문을 나선다. 두 시간이 넘는 공연을 보는 중간 휴식 15분은 정말로 꿀맛 같은 시간이다.

화장실 휴지를 몇 장이나 빼서 손을 닦는 사람은 어딜 가도 몇몇은 있나 보다. 그 꼴을 못 보는 나는 "온리 원 페이퍼"라 하니 "예스 오케이"라는 기분 좋은 대답으로 돌아온다. 비록 서툰 영어지만 스스로 뿌듯한 것은 자연에 대한 배려라는 마음이다.

  거리는 인산인해로 발 디딜 틈 없다. 더욱더 토요일 밤이라 사람과 사람이 부딪혀 걸을 수도 없다. 길치인 나는 대전에서 온 할머니 가족들 뒤를 졸졸 따라다닌다. 딸들과 손자 손녀들과 다니는 78세의 할머니나 나나 다를 게 뭐가 있겠나? 곡의 내용도 자세히 모르고 두 시간이 넘는 공연을 보았으니 이번 알래스카 여행을 마무리하면서 시 한 편 띄운다.

  빙하는 투명하다
  쌓인 눈 위에 녹을 사이도 없이 덮친
  암흑이 만들어 낸 하천이다

  거긴
  만년을 견뎌낸 얘기를 깊이 간직하고
  어느 땐 옥색 실타래로 풀어 놓는다
  움트는 통증이 얼음계곡 사이로 싸하니
  들뜬 청춘 같다

  빙하는
  일곱 가지 빛의 파장 중
  파란 빛만을 고집하고
  전구가 끊긴 필라멘트마냥

만년설이 녹아내린다

화르르 포개져 타오르는
너의 심장을 어찌 돌이킬 수 있을까

열없이 빙하에 서서
억만년의 얘기를 엿듣고 있다
나는 또 어느 때 사람인가.

- 시 〈알래스카 빙하에서〉 전문

크로아티아 등 중부유럽 여행

2022년 1월 4일 드디어 일정표를 찾았다. 6년이나 서랍 밑바닥에 꽁꽁 숨어 있던 것이다. 동유럽 서유럽 북유럽을 여행 다닐 때 중부유럽은 여행지에서 배제되어 있었다.

일정표에 새로 신설된 곳이라 갔던 여행지다. 사진마저 핸드폰을 잘못 건드려 다 날려버렸다. 여행하는 동안 파트너인 모녀와 초등학생 손자와 온 일행에게 연락해서 겨우 몇 장만 건졌다. 이번 여행은 둘째 딸 가족과 같이 가기로 했는데 작은 손자의 대학합격과 맞물려 있어 혹시나 합격하지 못하면 서먹할까 봐 나 혼자 먼저 떠난 여행이다. 다행히 합격해서 한참 후 저희 가족들끼리 갔다.

매번 여행지에서 메모해 두었다 여행기를 썼는데 다음으로 미루며 책상 서랍에 넣어둔 걸 찾지 못해 6년을 애태우다 오늘 기적처럼 찾았다. 이제부터 기억의 저편으로 달려가 그때를 되살리며 하나 하나 꺼내보련다.

　도헌이 엄마에게 전화를 해 보니 마침 받는다. 이제 도헌이가 고등학교 2학년이라 하면서 어머니도 건강하시다며 아버지 기일이라 그저께 강릉에 갔다 왔단다. ILLY 커피도 맛보아야 된다며 가는 곳마다 새로운 것이 있으면 다 사서 대접하던 보기 드문 효녀였다.

1일차 _ 두바이로

　늦은 밤 떠나는 두바이 비행기는 비즈니스 좌석만큼 넓으며 기내식도 풍성하게 빵이며 와인도 아예 병째로 나왔다. 모든 게 기름왕국 부자의 씀씀이다.

　시차 차이로 다음 행선지는 기내식이 안 나온단다. 야식을 준비하라기에 푸짐하게 나온 부자나라 기내식에서 뚜껑도 따지 않은 와인과 빵을 준비해서 두바이 에미레이트 공항에 내렸다.

　수도 아부다비는 정치 외교 문화의 도시다. 남한 면적만한 이 나라에 인구는 외국인 포함해서 1천여 명이며, 1957년에 석유가 발견되었다. 황량한 사막의 유목민인 이들은 역사가 없으니 이 나라 영도자는 무엇이든 세계에서 제일 큰 것으로 나라를 홍보하겠다며 엘리베이터도 우리의 전철 한 칸만큼 크다. 수족관도 바다를 들어

다 놓은 것 같은 키를 훌쩍 넘는 높이에 물고기들이 우리 머리 위로 노닌다. 석유로 부자나라가 된 이 나라는 금세공 기술이 뛰어나다. 여성들은 히잡을 쓰고 있지만 안에는 화려한 치장을 한단다. 백화점에서 일하는 노동자들은 다 아랍에미리트 7개국 이웃 나라에서 온 여성들이라고 한다. 두바이 여성들은 아이들을 데리고 외출할 때는 남자 비서가 동행한다.

꼭 로스앤젤레스 롱비치 해안의 미국인들 별장으로 펼쳐져 있는 맑은 하늘을 보다 국경이라야 도로의 경계지점을 건너가니 매캐한 기름 냄새로 숨 쉴 수 없었던 희뿌연 멕시코 하늘을 보았던 때와 흡사하다. 두바이는 원유를 이웃 나라에서 정제해 가져와 사용한다. 무엇보다 바다를 메꾼 호수 같은 이곳에서 유람선을 타고 여행할 수 있도록 만들어 놓았다. 무에서 유를 창조하는 석유의 위력이 얼마나 대단한지 가늠할 수가 없다.

국제금융센터는 우리의 쌍용건설이 세웠으며, 163층 저 높은 건물은 삼성건설이 시공했단다. 사막에 우리의 기술로 세운 건물 앞에서 다 들어가지도 않는 풍경을 담으려 셔터를 눌렀다.

2일차 _ 미라벨 정원으로

뮌헨은 한국의 2002년 월드컵 때 붉은 악마 응원으로 세계인들도 들뜨게 했던 곳이다. 이곳 국경을 통과할 때 내려서 응원하고 춤추며 짝짝짝, 그들도 따라 했던 그때를 기억 저편으로 데려다준다.

미라벨 정원은 영화 '사운드 오브 뮤직'(SOUND OF MUSIC)의 주인공 마리아와 폰 트랩 대령이 아이들과 '도레미송'을 불렀던 촬영지다. 아름다웠던 정원도 꽃이 다 시들고 황량한 풍경이다. '오직 바람뿐인 그 밤에'를 제목으로 '시가 있는 세계기행'에서 발표했던 그 미라벨 정원에 도착했을 때 삼성 휴대폰 시연이 열리고 있었다.

삼성을 삼숭이라 부르며 수출하던 때다. '메이드 인 코리아'라 하면 수출도 할 수 없어 일본산인 것처럼 삼숭이라 부르며 수출했다. 그때 시연을 보면서 얼마나 가슴 뭉클하였으며, 심장이 멎을 것 같았던 벅찬 감격이었다.

그때는 중부유럽 여행코스가 시행되지 않았다. 오늘 크로아티아 등을 여행하려 곰이 겨울잠을 잔다는 이 가을에 다시 오니, 꽃이 다 진 황량한 미라벨 정원을 보면서 역시 여행은 봄날에 하는 것이 제격이라 생각해 본다.

3일차 _ 오스트리아 장그트 길겐으로

모차르트의 생모 안나 마리아의 생가가 있는 마을이다. 여기에 왔을 때 모차르트 250주년 기념행사가 성대히 열리고 있었다. 모차르트가 자라고 외할아버지와 아버지도 이곳 시장이었다. 짤즈캄

머굿 볼프강 유람선으로 나폴레옹 빨강 별장을 갔을 때 옵션 200불이 아까워 가지 않고 스와로브스키 본고장에서 목걸이를 샀다.

경희대 한의대생 둘과 셋이서 알프스산 맑은 물에 떠내려오는 체리를 주워 먹었던 기억을 떠올린다. 볼프강 호수에서 유람선을 타고 그때 담지 못했던 풍경을 눈에 담는다. 지금은 겨울이라 비가 추적추적 내린다. 그때 200불의 옵션 대가는 오늘 이렇게 황량한 초겨울에 다시 짐을 싸게 하였다.

독일 백조의 성이 멀리 보이는 차 안에서 가이드에게 왜 들르지 않느냐, 하니 이번엔 빠졌단다. 음악가 바그너를 사랑한 루드비히 2세가 백조의 성을 지어 음악을 발표하게 하였다. 그 당시에 엘리베이터가 있는 숲속의 정원이며 나라 곳간을 거덜낸 대 건축이었다.

내려와서 일행을 기다리며 마을 어귀의 호수에서 유유히 노니는 백조에게 말을 걸어보았던 그때로 돌아가 본다. 온화한 휴양지에 일본인들이 와서 겨울을 나고 간다는 곳이다. 루드비히 2세가 자살한 백조의 성 호수도 그대로인지 보고 싶은데 들르지 않아 몹시 아쉽다.

슬로베니아의 율리안으로

알프스의 진주인 블레드를 보러 이번 여행을 나섰다. 여기 성당들은 다 천년이 넘은 오래된 성당이다. 사철 크리스마스트리가 팔리고 있다. 1979년 유네스코 자연유산에 등재된 국립공원이며, 각도에 따라 다른 색깔로 변하는 신비한 호수에 하늘에서 떨어지는 듯한 폭포가 물보라를 만들며 떨어지고 있다.

블레드 성으로

블레드 성은 깎아지른 듯한 바위 절벽 위에 우뚝 솟아있는 요새와 같은 성으로 유고슬라브 왕가의 여름별장으로 800여 년 동안 사용했다.

성에 가기 전 호숫가에 있는 유고연방 티토의 별장을 방문했던 김일성 주석은 블레드 경치에 반해서 2주나 더 체류했단다. 요르단의 후세인 국왕, 비비안 리, 인디라 간디, 찰스 황태자, 아키히토 천왕, 루마니아 차우셰스쿠 등이 머물다 갔단다.

성으로 가기 위해서 플래트나 보트에 머리띠를 질끈 동여맨 청년이 노 젓는 배로 성에 도착해서 계단을 올라가니 호수 한가운데 세워진 바로크 양식의 블레드 성안에 마리아

블레드 성

크로아티아 등 중부유럽 여행

마리아 성천성당

성모상

성천성당이 서 있다. 몇백 년은 됨직한 고목나무 앞에 머리에 별 다섯 개의 왕관을 쓰고 아기예수를 안고 있는 성모상이 세워져 있다.

성당 안으로 들어가니 커다란 종에 밧줄이 늘어진 채 매어져 있다. 아무리 쳐봐도 내 힘으로는 울리지 않는다.

일행 중 언니 동생 내외와 같이 온 여인과 함께 종을 겨우 울렸다. 저 여인을 미리 알았더라면 같이 방을 쓰면 외롭지 않고 독방요금도 절약할 수 있었을 텐데 했다.

3번 종을 치면 사랑이 이루어진다는데 아마도 내겐 그런 사랑은 오지 않으려나 보다.

성을 내려와 호숫가 둘레를 도는데 낚시꾼들이 호수를 꽉 메우고 있다. 팔뚝만한 잉어를 잡아서는 소위 손맛만 보고는 다시 호수로 돌려보내 주는 낚시의 진수를 즐기는 사람들이다.

4일차 _ 트리에스테 항구로

아드리아해를 품은 이탈리아 동북부의 항구도시다. 슬로베니아와의 국경지대에 있는 항구도시로 중부유럽을 배후지로 가진 중요한 산업항구다. 오스트리아와 헝가리제국의 상업중심지로 19세기 오스트리아의 유일한 해항이란다.

도착하니 비가 추적추적 내린다. 아드리아해 북단에 위치한 항구에서 14세기 지어진 생쥐스트 대성당과 성을 보면서 역시 여행은 제값을 주고 해가 긴 계절에 와야겠다.

이곳 사람들이 따뜻한 나라로 여행을 떠나는 겨울자락에 왔으니 한국 ○○관광에서 새로 개설한 중부 유럽 야심작이지만, 여기 사람들은 겨울잠을 자야 한다며 따뜻한 나라로 짐을 싸는 계절에 일하게 되었단다. 황량한 한겨울 광장에서 '방랑자'를 부르며 따뜻한 커피로 몸을 녹여본다.

5일차 _ 크로아티아의 플리트비체로

요정이 사는 듯한 착각마저 불러일으킨다. 각도에 따라 다른 색깔로 빛나는 16개의 신비한 호수다. 플리트비체 국립공원은 유럽에서 가장 아름다운 자연적 가치를 지닌 곳으로 평가받는다.

신비한 호수에 하늘에서 떨어지는 듯한 90여 개의 폭포 줄기를

플리트비체 국립공원

유람선으로 돌아본다. 요정이 사는 것 같은 자연을 그대로 살린 나뭇길 호수 둘레를 한 바퀴 돌아서 나온다.

수도 자그레브에서 가장 오래된 성 마르크 성당의 문양이 왼쪽 문양은 크로아티아를, 오른쪽 문양은 자그레브를 상징한단다. 춥고 음산한 광장에서 주어진 긴 자유 시간 동안 처절한 체험을 한다.

크로아티아의 영웅 반 젤라치크 광장을 돌아서 나온다. 먼 길을 이 두 나라를 보기 위해 짐을 싼 나는 분명 길 위의 방랑자임에는 틀림없는 것 같다. 온화한 날씨로 오스트리아 헝가리 제국시절부터 휴양지로 사랑받아온 오파티아로 이동한다.

6일차 _ 헝가리 부다페스트로

도나우강과 부다페스트의 전경을 한눈에 볼 수 있는 전망대 겔

레르트 언덕은 동유럽 관광할 때 와본 곳이라 길치인 나도 눈에 익은 곳이다. 자유 관광을 하고 모이라는 장소에 관한 설명을 듣지 못하고 나 혼자 돌아다니다 일행을 잃어버렸다.

후문이 집합장소인데 나는 처음 들어갔던 정문에서 기다려도 아무도 오지 않는다. 어둑어둑해 오는데 야간 일정은 다뉴브강 야간 크루즈 관광이다.

30여 년 전 와인이 무한정 제공되는 도나우강 해질녘 크루즈 관광을 마치고 내렸을 때 후두둑 쏟아진 비에 흠뻑 젖었던 그때를 떠올리며 숙소로 바로 택시를 타고 가야 하나 하고 망설이고 있을 때, 어디서 할머니라 부른다.

돌아다보니 이번 여행에 외할머니 엄마와 같이 온 초등학생 이도헌이다. 일행 중 가장 많이 걱정을 하였단다. 그동안 한 팀이 되어 다니다 정이 들어 나를 두고는 갈 수 없다며 정문까지 찾아왔다

도나우강 야간 크루즈

고 한다. 길치라 내 나라에서도 헤매는데 두 번째 여행하는 장소라고 자만한 혹독한 대가다.

김현희가 KAL858기를 폭파하기 전 고뇌했다는 다리를 올려다보며 도나우강 야간 크루즈 선상에서 네오 고딕 양식의 국회의사당 등 화려한 건축물을 바라보며 별이 총총 뜬 다리 틈새로 하늘을 보았던 그때를 떠올리니 이렇게 오들오들 떨면서 다니는 이것이 여행이냐며 배에서 내린다.

북이탈리아의 항구도시 트리에스테 구시가지로 왔다. 비가 추적추적 내리는데 자유 시간을 주면서 관광을 하란다.

어떤 이는 수제 초콜릿 상점으로 ILLY 커피 본고장에 왔으니 커피 한잔으로 일없이 으스스한 겨울 자락에 돈 들여 낯선 땅에서 고생을 사서 한다.

비엔나 국립 오페라 극장 앞 광장

7일차 _ 오스트리아 수도 비엔나로

국립 오페라 극장 앞 광장에 도착했다.

파리 오페라 하우스, 밀라노 오페라 하우스와 시드니의 오페라 하우스 등과 함께 세계 3대 오페라 하우스 중 하나로 꼽힌다.

시드니의 오페라 하우스 앞 잔디밭에서 한가로이 강가를 거닐었던, 허브 브리지(HARBOUR BRIDGE) 위를 지나는 사람들을 바라보며 한껏 일광욕을 즐겼던 그때를 떠올리니 더욱 추위가 몰려온다.

모차르트의 결혼식과 장례식이 열렸던 웅장한 성 슈테판 성당 비엔나의 랜드마크를 뒤로하고 추워서 덜덜 떨면서 나온다.

쉔브룬 궁전으로

17세기 초 마티아스 황제가 아름다운 분수를 이곳에 설치하면서 시작되었다. 합스부르크 왕가의 여름궁전으로 마리 앙투아네트가 어린 시절을 보냈다는 궁전이다. 건물은 마리나 테레지안 엘로로 알려진 황갈색으로 되어 있다. 창문은 녹색으로 총 1440개의 방 가운데 지금은 46개 방만 일반에게 공개된다. 그리스풍 석조인 글로리에테가 아름다운 조화를 이루며 위상을 자랑하며 서 있다.

이곳에 도착하니 오래 전에 왔을 땐 온갖 꽃들이 피어 화려했던 꽃들은 바닥에 일그러져 꽃잎만 흩어져 나딩군다. 궁전은 가을비 온 뒤 쓸쓸하게 겨울을 맞고 있다. 그때의 첫 감상을 떠올리며 호수에 노니는 백조에게 굿바이라 작별의 인사를 보낸다.

8일차 _ 체코의 수도 프라하로

 백탑의 도시, 천년 역사의 유럽 건축사를 돌아볼 수 있는 프라하성은 가장 큰 규모로 지어진 대표적인 건축물이다.
 성비트 대성당은 프라하의 하이라이트인 길이 124m, 폭 60m, 천장 높이 33m 이르는 대성당이다.
 사람은 얼마나 간사한지 오래 전 동유럽여행에서 언덕을 올라왔던 기억으로 이 웅장한 건축물을 대충 보고 내려간다.

세체니 다리를 건너

 이 다리는 다뉴브강을 가로지르는 부다페스트의 상징 부다와 페스트를 연결한 최초의 다리다. 이곳으로 유학 와서 한국으로 돌아가려고 해도 일자리가 없어 파트타임 가이드로 뛰고 있단다. 이 밤에 얼마의 돈을 받고 내리는 젊은 유학생 처녀에게 밤길 안전하게 돌아가길 빌어본다.
 프라하 구시청사 앞 바츨라프스케 광장에 매 시각 울리는 천문

부다페스트 세체니 다리

시계의 열두 사도가 나오는 모습을 보기 위해서 달렸다. 하나라도 눈에 더 담기 위해 달렸던 그때를 회상하며 열두 사도가 나오는 시계탑 광장에 섰다.

단 하나뿐인 시계를 만들기 위해 까를대학 수학 교수가 설계했다. 유럽 여러 나라에서 똑같은 시계를 주문해 오자 프라하 시당국에서 더 이상 만들지 못하게 그의 눈을 멀게 하였단다.

인파를 빠져 나와 까를교를 걷고 있다. 왕이 왕비의 불륜을 의심해서 고해성사 내용을 물었지만 대답하지 않자 혀를 뽑고 블타강에 던졌단다. 그 다리에 세워져 있는 석상을 만지면 다시 프라하에 온다는 전설의 행운이 내게도 왔나 보다.

슬로베니아, 크로아티아 이 두 나라를 보기 위해 온 여행인데 덤

틴 성당

으로 프라하에 다시 오게 된 행운이 아마 그때 예정되어 있었나 보다. 틴 성당의 뾰족한 2개의 인상적인 첨탑과 빨간 지붕의 건물들과 체코의 영웅 얀 후스 군상을 뒤로하고 프라하 공항으로 향한다.

두바이 공항에서

공항 종사자들을 보고 깜짝 놀란다. 그들의 얼굴이 모두 백인같이 희다. 햇볕에 그을리지 않으면 희다는 걸 환경이 얼마나 무서운지를 실감한다.

인천으로 오기 위해 환승을 기다리는 두바이 공항에서 사막을 이렇게 바꿔놓은 영도자를 보면서 우리나라를 재도약 반열에 올려놓을 제2의 영도자를 손꼽아 기다리며 인천으로 향한다.

3년 전 부다페스트 크루즈 야간 관광을 하다 큰 배와 충돌한 참상을 뉴스로 보면서 추운 계절에 관광을 무리하게 진행한, 이미 예견된 사고를 우리는 알지 못했다.

모알보알 사마비치 여행

1일차

    스쿠버 다이빙을 좋아하는 모현이 소개로 스쿠버다이버들의 천국 모알보알 사마비치 섬으로 간다.
    공항에 내리니 밤 12시가 넘었다. 전달받은 번호로 전화하여 데리러 온 택시에 올라탔다. 어디로 가는지 어둠을 뚫고 택시는 달린다. 시내를 조금 벗어나니 가로등 하나 없는 울퉁불퉁 완전 1960년대 우리나라 시골길과 같다.
    좁은 길을 곡예 운전을 하면서 달린다. 어둠 속에 간혹 지나가는 사람도 있다. 사고라도 나면 어쩌나 너무도 불안하여 잠이 와도 도저히 잠을 청할 수가 없다.
    두어 시간 지나 도착하니 한국인 남녀 청년이 나를 맞아 2층으로

모알보알 사마비치 해저 풍경

여행 가방을 옮겨준다. 방 바로 앞이 바다다. 어둠 속에서 파도만 출렁인다. 이미 시계는 3시를 가리키고 있다. 간단하게 세수만 하고 잠자리에 든다.

2일차

새벽 5시에 눈을 떴다. 캄캄한 어둠 속에서 파도만 출렁이는데 어렴풋이 날이 밝아오는 바다에 언뜻언뜻 물체가 보인다. 이렇게 숨소리까지 들어올 것 같은 가까운 거리에서 고기를 잡는 어부들은 처음 본다. 정말 바다와 사람이 공존하는 삶이다.

스쿠버다이버들이 타고 나갈 배들이 줄지어 정박하고 있는 배

위에서 고기를 잡는다. 동네 어부들이 여명에 나와 출항할 배 위에서 고기를 잡는데 누구 한 사람 우리 배에서 고기를 왜 잡느냐, 하고 나가달라는 주인은 한 사람도 없다. 정박해 둔 배에서 누가 와서 고기를 잡든 그저 많이만 잡아서 생계를 꾸려가라, 네 것 내 것 따지지 않고 살아가는 섬마을이다.

조용한 곳에 세계 투자자들이 몰려와 화려한 콘도를 짓는다. 이들에게 또 다른 세계가 있다는 걸 아니 물질문명이 가져다주는 병폐를 알려주고 있는 것 같다.

하루 이틀 머물다 가는 그들의 소용돌이에 휘말리지 않으며, 아랑곳하지 않고 꿋꿋이 자기들 사는 방법대로 살아가는 아름다운 그들만의 낙원이길 바라면서 나는 잠시 머물다가 갈 나그네일 뿐이라고 되뇌어본다.

3일차

매일 눈을 뜨면 방문 앞에 파도가 가까이 다가와 일어나라 재촉한다. 어디서 왔는지 거긴 밀물 따라 밀려온 큰 바다의 거북이나 큰 물고기들도 이곳까지 밀려온다. 그때를 놓칠세라 어부들은 고기를 낚아 생계를 꾸려간다.

필리핀은 치안이 불안한 나라다. 그러나 이곳 섬에는 여러 종류의 콘도들이 투자한 사람들의 나라에 따라 제각기 기호에 따라 지어져 있다. 아기자기하게 그림같이 지어진 아담한 정원과 집들이 있는 일본식 콘도를 둘러본다. 아주 작은 집들을 따라가면 아름다운 꽃들로 온통 이상한 나라 엘리스에 온 것 같다.

이른 아침 마을을 둘러보는 내게 일본인이냐 물어온다. 아니요, 한국인이라고 당당하게 대답할 때 내 나라가 얼마나 자랑스러운지 모르겠다. 너희들이 침략했던 나라에서 이렇게 여유를 즐기며 휴양 온 한국의 할머니라고 외쳐본다.

그래서 나는 될 수 있으면 화려한 모자를 쓰고, 옷을 입고, 아침마다 산책을 한다. 한국이 이만큼 잘 사는 나라, 살기 좋은 나라라 외치고 싶다.

일본식 콘도에는 실내 수영장이 없다는 게 흠이다. 눈앞이 바다라 생각하고 그 장소만큼 집수를 더 지어놓았다.

바로 옆 미국 투자자가 지은 콘도는 넓은 풀장이 마련되어 있다. 콘도 명함을 달라 하니 없단다. 나오다 가만히 생각해 보니 종업원이 입고 있는 티셔츠가 생각난다. 되돌아가서 등 뒤 그려진 로고를 사진을 찍어서 한국으로 전송한다.

4일차

해 뜨기 전에 매일 아침 숙소에서 나와서 마을 끝에서 끝으로 한 바퀴 돌아본다. 더 일찍 산책하고 싶으나 이곳은 치안이 잘 되어 있다 하여도 조심하란다.

  일어나서 2시간을 더 기다렸다가 숙소를 나온다. 여기도 멀리 출근하는 사람들이 오토바이를 두 사람씩 함께 타고 간다. 어떤 땐 마을을 도는데 오토바이를 타지 않겠느냐 묻는다. 나는 산책한다고 답하고는 얼른 그들을 지나간다.

  이제 방금 일어나 상점을 여는 사람, 나와서 바다를 바라보는 사람, 오토바이로 아이들을 등교시켜 주는 사람, 양동이를 머리에 이고 와서 생선을 파는 아낙네, 꼭 옛날에 재첩국 팔러 다니던 부산의 여유로운 아침 풍경 같다. 덩달아 개들도 어슬렁어슬렁 아침을 연다.

  내 옆방에 인도양 모리셔스 섬나라에서 작고 귀여운 아가씨가 왔다. 은행에 다니다 언니가 여기를 다녀와서 좋다고 가보라 하여 왔단다. 우리를 따라 젓가락질도 제법하고 매운 한국 음식을 따라 먹더니 저녁은 먹으러 내려오지 않는다. 물어보니 배탈이 났단다.

  내 옆방은 비어있다. 하루 스쿠버 다이빙을 하고는 다른 장소로 떠났단다. 머리가 유난히 검은 귀여운 그녀와 사진 한 장 남기고 우리는 작별을 한다.

5일차

언제 왔다 갔는지 밤사이 비가 왔다 갔다. 그래서 이 더운 나라에서도 사람이 살아가는가 보다. 해 뜨기 전에 산책을 해야 한다. 2박 3일의 단기 스쿠버다이버들이 왔다 간다. 오전에 배워서 오후에는 먼 바다로 나가 물고기들과 바닷속 현란한 산호를 보고 떠나는 단기 코스로 왔다 가는 곳이다.

내가 아침마다 산책하니 일본식 콘도에서 일하는 아주머니들과도 친숙해졌다. 언제까지 여기 머물 거냐고 묻는다. 잠시 잠깐 흘러가는 사람들에게 익숙해진 이들은 낯선 남의 나라에서 일주일 넘도록 아침마다 다니니 궁금하였나 보다.

나는 이럴 때 글을 쓴다 하면 세계 어디를 가나 모두가 이해를 한다. 여행할 때는 더욱 한국 사람들은 꼭 자기들 친한 사람들과만 붙어 다닌다.

나는 혼자서 여행을 많이 한다. 그러기에 더욱 이 대답은 나를 변호하기에 적절한 답이다. 짧은 언어로 어디를 여행하든 소통하며 사람들을 만난다.

북유럽을 여행할 때 아침 뷔페식당에서 만난 이태리에서 왔다는 엔지니어는 동양인인 나를 젊게 보았는지 나를 유혹하는 바람에 이태리 남자도 만나본 적이 있다.

6일차

아침 산책 코스에 화려한 콘도들 속에 조그만 야자수 껍질로 지붕을 이은 집이 있다. 시어머니 시아버지 며느리 아들 내외와 애기 삼촌이 등교를 준비하는 옛날 우리의 시골 모습인 가족이 산다.

유난히 이 작은 집에 야자가 주렁주렁 열려 있다. 작은 마당엔 닭들이 모이를 쪼고 있는 한가한 시골 풍경이다.

바다를 바라볼 수 있는 전망이 좋은 장소는 모두 콘도나 식당들이 지어져 있다. 이 집은 장소도 협소하니 투자자들의 눈에는 쓸모없는 땅이었나 보다. 그것이 오히려 정겨운 시골 풍경을 선사하고 있다.

매일 아침 이 집에 들러 애기에게 과자를 건네주고 아주머니에겐 숙소에서 제공되는 커피를 가져다주면 어찌나 좋아하던지, 내 초등학교 때 미국에서 보내준 우윳가루를 배급받아 양푼에 담아 밥솥에 쪄서 먹었던 맛있는 우유과자 생각이 난다.

이들은 한국에 대해 묻는다. 얼마나 다행인지 이들은 누구나 영어로 말할 수 있으니 크루즈 선에서도 서빙을 하며 세계 곳곳에 나가서 일한다. 그래서 조금이라도 말을 더하여 내 짧은 영어로 연습하는 좋은 기회라 생각하며 매일 아침 이 집을 들른다.

7일차

저녁때 산책을 나와 아침 코스대로 돌다 좀 시야를 넓혀 보기로 했다. 숙소 반대 방향으로 나가니 조금 낡은 콘도들이 즐비해 있다. 해안 끝 무렵에 마을 사람들이 나와서 각자 가지고 온 음식을 나누어 먹으며 뉘엿뉘엿 넘어가는 노을을 등에 지고 저녁을 즐기고 있다.

그중 쾌활한 여인은 여동생 가족과 같이 나왔다며 자기 동생을 소개해 주고 내가 어디에서 왔으며 이름이 뭐냐 묻는다. 나는 한국에서 왔으며 손주가 여럿 있다고 대답하니 젊다며 믿지 못하겠단다. 내 나이를 말해 주고 닉네임을 킴블리라 소개하였다.

그 다음 날 길에서 누군가가 킴블리, 하며 불러서 돌아보니 어제 만났던 그 여인이다. 내가 한국 이름을 알려주었다면 기억하기가 어려웠을 텐데 그들이 쓰는 영어로 알려줬더니 쉽게 기억하고는 몇 년이나 사귄 친구처럼 친숙하게 나를 부른다.

다음 날 아침에도 친구들과 지나가면서 킴블리라 부른다. 나는 이 마을에서 친구가 생겼다.

8일차

아침 산책을 하고 아침을 먹는다. 수영장에서 수영으로 마무리 짓고 점심을 먹고 오후는 마사지 시간이다. 여기는 한 번에 10달러가 채 되지 않는다. 항시 어깨가 뭉쳐 있는 나는 어깨를 풀 수 있는 좋은 기회라 생각하고 매일 이렇게 일정을 짰다.

그런데 오늘은 스노쿨링을 하지 않겠느냐는 제안이 왔다. 피지에서 해 보았는데, 하며 시큰둥하게 생각하였다. 물속에 들어가 보니 피지보다 열대어들이 더 아름답다. 물고기 등이 4등분으로 색깔이 다 다르며 거기다 등지느러미 배지느러미 색깔이 다르다. 꽃 보라색으로 이루 형용할 수 없는 대자연의 선물들이 내 눈앞에서 헤엄을 친다.

여긴 숙소 앞에서 곧바로 바다 위에 지어져 있는 우리의 정자 같은 집이 있는 옆에 큰 웅덩이가 있다. 스쿠버다이버들이 멀리 나가지 않고도 충분히 바다 밑 풍경을 맛볼 수 있는 체험장이다.

나는 스노쿨링으로 물 위에서 아름다운 열대어들을 보고, 내 발밑에 스쿠버다이버들이 산소통에서 내뿜는 공기방울 위로 떠돌아다녔다. 물웅덩이 위에 부화된 정어리 새끼 떼들이 구름처럼 몰려다니는 물결 위에서 나는 구름 위를 둥둥 떠돌아다니는 선녀 같은 인어였다.

9일차

어제는 짠물이 입으로 들어와 자꾸만 물 위로 올라갔다. 오늘은 적응이 되어 물속이 더 편안하며, 스노쿨링으로 보는 것만으로도 충분하다. 그런데 스쿠버다이빙 강사가 나에게 지금이 마지막이 아니겠느냐, 언제 해 보겠느냐며 시도해 보란다.

다이버를 하는 딸을 따라온 73세 할머니도 하였다며 스노쿨링으로 보는 바다는 수박 겉핥기라며 나를 설득시킨다. 수강료가 30달러라는데 해야 되나 말아야 되나 망설여진다. 끈질긴 설득에 그래 언제 이런 기회가 올까 갈등이 되었지만 결국 하기로 했다.

실내 풀장에서 호흡법부터 배운다. 수영을 하는 내겐 호흡을 반대로 해야 하니 그것이 제일 어렵다. 한참을 연습에 연습을 거듭한 후 산소통까지 메고 물속에서 연습을 한다. 숨 쉬면 고막이 터진다는 위험도 있단다. 강사 선생님도 고막이 터진 경험이 있다니 겁이 났다.

그렇게 연습을 하고도 나는 오늘은 참관하러 배를 타고 가는 도중 펄쩍 뛰어오르는 물고기와 물 위를 둥둥 기어 다니는 거북이도 보았다.

한참을 달린 후 배를 정박시키고 모두가 산소통을 메고 바닷속으로 뛰어드는데 나는 보조강사와 스노쿨링으로 키가 큰 거북이 숫놈도 보고 가까운 바다에서는 볼 수 없었던 휘황찬란한 전등의 점멸을 보는 것 같은 희귀 열대어들을 보고 돌아왔다.

10일차

이곳은 자기들 동호회에서 강사들과 같이 오는 사람들, 현지에서 배워서 2박 3일만에 배워서 체험까지 마치고 가는 두 부류가 있다. 어제 그들과 같이 온 코치와 연습을 한 젊은 외국인들도 뭐가 잘 되지 않았는지 아침부터 재교육을 받고 바다로 나가는데 내가 할 수 있을까 걱정도 된다.

콘도직원이 배가 떠난다며 타란다. 그래 오늘은 해 보자며 먼 바다로 갔다. 바다에도 절벽과 계곡이 있다. 배를 돌로 고정시켜 놓고 산소통을 메고 한 사람 한 사람 물속으로 뛰어든다.

나는 설치된 나무계단으로 내려가서 한참을 물 위에 떠 있다 선생님의 손을 잡고 바다 밑 바위에 앉아서 산호초를 만져 봤다. 몇 번이나 코를 잡고 귀로 공기를 내보낸다.

바닷속에도 웅덩이가 있으며 절벽이 있다. 절벽을 따라 열대어들이 바위 속을 들어갔다 나왔다 한다. 집 앞에선 볼 수 없었던 진 꽃보라색, 아니 뭐라 표현해야 할까, 그림물감으론 어떤 색깔이라 이름 지을 수 없는 작은 몸뚱이에 등지느러미부터 배지느러미 색깔이 다 다르다.

이때 왜 하필 오래 전에 해상 충돌사고로 시신도 찾지 못한 시동생이 바다 밑에 있다는 생각이 문득 뇌리를 스친다. 그래 이렇게 아름다운 세상 바다 밑 또, 한세상에 편안히 살고 있으리라 하면서도 선뜻 깊고 푸른 바다 웅덩이에서 얼른 나온다.

11일차

산소통을 메고 바다 밑에 들어가니 온갖 크고 작은 돌멩이들로 꼭 우리의 야산 돌산에 올라간 기분이다. 형형색색 산호는 비 온 뒤에 올라온 버섯처럼 산호들이 구멍구멍 열어 놓고 열대어 산란을 돕고 있다.

피라미들이 하늘에 새털구름같이 흩어졌다 모였다 여름 오후 해질 무렵 하루살이들이 눈앞에서 마지막 군무를 추듯 파도 따라 출렁인다. 산에 낭떠러지처럼 깊은 물 속은 하늘을 옮겨 놓은 것 같다. 아마 마주 보는 하늘과 바다의 합일일 것이다.

낭떠러지 돌 틈 사이에 남겨둔 이야기가 있어 쉴 사이 없이 물고기들이 드나든다. 깊은 물 속엔 커다란 물고기들의 묵직한 몸부림이다. 땅에도 형형색색의 풀잎과 꽃들이 춤추듯 바닷속에는 한 몸에 여러 무늬의 색깔을 입고 춤추는 바다 군무를 내 오늘 비로소 보았다.

땅에도 바닷속 세상에도 똑같은 세상이 있다. 개똥밭에 굴러도 이승이 좋다며 누가 죽어 보았느냐, 천당이 있는지 없는지 대부분의 사람들이 내놓고 말하지 못한다. 심지어 성직자들도 하늘나라가 없다고 믿는 것보다 있다고 믿는 게 낫지 않느냐며 종교 갖기를 권면한다.

내가 사는 지상이 하늘이며 바닷속 한세상이 곧 땅이다. 나 이제 죽어도 두려워하지 않으리라. 이 세상 떠날 때는 내가 사는 반석을 옮기는 것이리라.

12일차

   물속에 들어가자마자 밤사이 밀려온 썰물 따라 들어온 커다란 거북이 암놈을 보는 횡재를 하였다. 등에는 산호가 심어져 있는 것 같고 까만 눈도 등에 박혀 있는 형상이다. 천년을 산다는 거북이를 만난 기쁨에 거북이다 큰소리로 외치니 콘도에 남아있던 직원들이 다 나와서 본다.
   바다 위에 떠 있는 배까지 갔다 왔다 하며 바다 밑을 보고 바다에도 그늘이 있다는 걸 알았다.
    하늘에 구름이 끼면 지상에 그늘이 생기듯 파도 웨이브가 만들어 낸 그늘을 보았다. 얕은 물 속에는 햇빛의 열로 따뜻하다. 방금 알에서 부화된 열대어 새끼들이 파도 그늘에서 쉬기도 하고, 아기가 엄마 자궁 양수 속에서 자라듯 새끼들이 자라고 있다.
   조금 자란 새끼들은 깊은 웅덩이에서 연습을 한다. 어쩌다 대열에서 낙오된 놈을 파란 줄무늬 물고기들이 와서 서로 쪼아 먹고 있다. 그것을 본 그보다 훨씬 큰놈이 그것을 빼앗아 간다. 이것을 대자연의 질서라 했던가.
   그 밑에는 팔뚝만큼 큰 고기들이 헤엄쳐 다니는 지상에서의 도로 같다. 승용차는 1, 2차선, 화물차는 3, 4차선으로 나뉘어서 달리듯 바다 밑에도 질서가 엄존한다.

13일차

내일은 이곳을 떠나야 한다며 일찍 스노쿨링을 하러 간다. 어제 만났던 거북이를 한 번만 더 만나기를 소원하며 물속에 들어간다. 물웅덩이를 찾아서 정어리 떼들의 군무도 보고 오늘이 마지막이라 생각하니 모든 게 새롭고 더 소중하고 귀하게만 생각된다.

깊은 물웅덩이가 있는 곳은 물이 더욱 짙푸른 색깔이다. 나도 정어리 떼들 등에 타고 둥둥 구름 위를 떠다니듯 노닌다. 이곳 아이들은 스노쿨링 장비 하나로 스쿠버다이버들처럼 깊은 물 속을 들어갔다 나왔다 하며 날카로운 꼬챙이로 고기를 잡아온다.

나는 여기서 어제 처음 만났던 거북이가 나타나 주기를 기대하며 물에서 나오지 않고 산호초 위를 둥둥 떠다닌다. 육지에 형형색색의 꽃들이 피듯, 바다 밑에도 육지와 같은 색깔로 물고기 등과 몸통, 그리고 꼬리에 옷을 입혔다.

우리가 가야 할 그 먼 세상에도 이렇게 예비하셨나 보다 생각하며 거북이를 만날 수 있을까 하고는 한 바퀴 빙빙 돌았다. 다시 만나질까 하며 한 바퀴를 더 돌아 나오는데 어제 만났던 암놈 거북이가 길목에서 나를 기다리고 있는 게 아닌가.

간절히 바라면 소원이 이루어지듯 거북이를 만났다. 알아듣기라도 하는 듯 멈춰서 땅을 파기 시작한다. 희뿌옇게 오른 모래먼지 사이로 작은 물고기들이 모여든다.

한참을 노닐다 물 위로 둥둥 떠오르더니 먼 바다로 헤엄쳐 간다.

간밤에 조수로 물결 따라 왔다가 사람과 가까운 이곳에서 그의 몸매를 한껏 뽐내고는 유유히 먼 바다로 떠난다.

나는 거북이를 보내고 어제 스쿠버다이빙할 때 보았던 꽃진보라색 물고기가 여기까지 와서 노닐던 그 물고기를 오늘이 마지막이라며 바다 밑을 샅샅이 찾아본다.

이곳은 콘도와 가까우면서도 수심이 깊은 웅덩이가 있다. 물웅덩이 절벽을 따라 바다의 계곡이 있는 곳에 수많은 물고기들이 큰 놈 작은 놈 질서 따라 하늘에 별들이 운행하듯 살아가고 있다.

14일차

10일이 넘으니 얼굴에 기미가 생기고 가만히 있던 상처 자국이 튀어 올라온다. 역시 내 체질은 내 나라에 맞게 길들여져 있나 보다. 아무리 여행을 좋아하고 세계를 돌아다녀도 결국 내 나라로 돌아가라는 신호다.

여기 사장님과 직원들 몇 명 빼고는 다 한국 사람들이다. 모두가 스쿠버다이빙이 좋아 여기에서 살아가고 있단다. 현지 직원 몇 사람은 이미 우리말을 곧잘 한다.

이곳도 곧 떠나야 할 날, 시간이 얼마 남지 않았다. 해 뜨기 전에 산책을 하며 이곳저곳을 찾아서 둘러본다. 여태 와보지 않았던 깊숙한 곳에도 콘도가 지어져 있다.

어젯밤 후진 집들 맞은편에 아주 넓게 자리 잡은 이곳에서 문이 빼꼼이 열려 있기에 들어와서 여기저기 사진을 찍는다. 이른 아침이라 사람들 보기가 드문데 청소부들이 부산히 움직인다. 물어보니 여기는 이태리 사람들만 묵을 수 있단다.

　이 아름다운 곳들을 모두 사진 찍어서 남해에서 왔다는 말괄량이 숙소 직원에게 보여주니 그렇게 들어갔다간 총을 쏘아도 할 말이 없단다. 자기네들도 이곳에 이렇게 아름다운 숙소가 있는지를 알지 못했단다.

　다람쥐 쳇바퀴 돌 듯 생활하며 자기 영역이 아닌 곳은 가지 않으니까. 그런데 나는 어디를 여행하든 새벽시간이 내 경험의 무대다. 아무도 깨어있지 않은 여행지를 찾아다니는 버릇이 있다.

15일차

　말괄량이 아가씨가 인간적이었다. 상술에 물들어 있지 않았으며 남자 같은 성격인데도 배려해 주는 정을 눈으로도 느낄 수 있었다. 살짝 그녀에게 10달러를 집어주고 나머지 40달러는 직원들 수고비로 건네주고 짐을 챙긴다.

　사장님이 내가 하고 싶은 대로 다 해드려라, 하고는 여행을 떠났단다. 친구 딸이 자주 이용하던 콘도라 그랬을 것이다. 왜 그 말을 이제 해 주지, 그런 줄 알았으면 스쿠버 다이빙을 일찍 배워서 더

하고 올 걸, 하는 후회가 남는다.

세부 모알보알 사마비치
- 스쿠버 다이빙을 하면서

깊은 바닷속에도 계곡이 있었네
땅 위에만 그늘이 있는 줄 알았더니
파도가 만들어 낸 그늘 아래
버섯 닮은 산호는 물고기의 산실이다

거북이도 둥둥 일광욕을 즐기고
고래도 바깥세상이 궁금해 펄쩍 뛰어오르는
깊은 바다엔 큰 물고기가 등춤을 추고
얕은 물속엔 알에서 갓 깨어난
피라미들이 꼬리춤을 춘다

정어리 떼들이 하늘의 구름처럼
헤쳤다 모였다 군무를 펼치고
땅 위의 꽃들이 바람에 나부끼듯
물고기 몸통에 피어난 형형색색 무늬는
파도 장단에 너울너울 꽃춤을 춘다

하늘에, 땅에, 바다 밑에도
또, 한세상이 있다는 걸 알았다
이제 저 생이 두렵지 않다네
지으신 이가 부르실 적에
"예라 대답하며 가리다"

*2022년 12월 12일 보이스 피싱을 당하면서 그들이 핸드폰의 정보를 다 파괴시켜 버렸다. 핸드폰에 내장돼 있던 사진들이 다 사라졌다. 사진 한 장 현상해 놓지 않은 나의 잘못이다. 언제나 핸드폰에 담겨 있을 줄 알았는데….

모알보알 사마비치 스노쿨링 선셋

제3부

우리 땅 걷기

남강 첫 번째 길

 이른 새벽 남강의 발원지 함양군 덕유산 자락에 모여 팥시루떡으로 지신제地神祭를 모시고 발원지에서 실핏줄같이 흐르는 물줄기를 따라 안의면으로 간다.
 그곳 초등학교에 세워진 연암燕巖 박지원의 사적비를 만난다. 박지원은 청나라 사신으로 떠나는 삼종형 박원명을 따라 연경으로 갔다. 그곳에서 정치, 경제, 군사, 천문, 문학 등에 이르기까지 신문명을 체험하고 우리나라로 들여온 선각자다.
 55세에 첫 벼슬로 안의현감이 되어 이곳에 부임했다. 산골에서 흐르는 물을 이용하여 처음으로 물레방아를 만들었다. 사적비 앞에서 설명을 듣고 남강까지 매달 모여서 종착지 진주 촉석루까지 걷는 첫 번째 길 위다.
 겨울이라 강가의 돌들은 얼음을 머리에 이고 있어 꽤 미끄럽다.

강가를 걷다 큰 내川를 만나면 설원을 걷듯 얼음 위를 가로질러서 간다. 조바심을 감추고 먼저 간 일행을 따라간다. 아름답기로 유명한 화림동 계곡에서 옛 선비들의 시조 읊는 소리가 들려올 것만 같은 거연정居然亭을 만난다.

성종 때 대실학자 정여창이 시를 읊었다는 군자정을 지난다. 동호정을 지나 농월정 암반에서 겨울 냇물의 차갑고도 맑은 물빛을 보고 안의 사람들의 곧은 마음을 느끼며 걷는다. 선비들의 고장답게 마을이 온통 기와로 지어져 지금 보아도 잘 구획이 정리되어 2차선 도로만큼 넓다. 가마를 메고 드나들 수 있도록 만든 것이란다.

영조 때 소론 이인좌의 반란에 안의 출신 정희량이 반란을 꾀하다 실패한 결과로 벼슬길에 오르지 못하다가 백여 년이 흐른 뒤 1815년에야 복권이 되었다. 그래서 안의 송장 하나가 함양사람 열

연암 박지원 선생 사적비

을 당한다는 우리 땅 걷기 신정일 인도자의 설명을 들으면서 함양군 경계를 넘어간다. 서울에서 보면 뼈대 있는 고장 좌안동 우함양으로 불리는 곳이다.

우리는 함양을 지나 산청군 생초에 도착했다. 오후에는 다리가 아파 걷기를 포기하고 타고 갔던 버스로 목적지에 먼저 도착해서 목아박물관에 들어가 전시물을 둘러본다.

경호강가에는 겨울을 잊은 듯 파란 들에 웬 등불이냐며 다가가 보니 개갓냉이 꽃이 혼자 피어 반긴다. 강물에 노니는 쏘가리, 망태, 부다리, 퉁사리, 기름챙이, 민물뱀장어 떼들을 보다 강물의 노래를 듣는다.

> 경호강 강물아
> 세찬 바람에도 허허로이 흐르며
>
> 풍랑에도 고요를 잃지 않으며
> 낮은 곳으로만 흘러가노라
>
> – 시 〈봄강물〉 일부

첫 번째 남강 여정을 마치며 차에 오른다.

* 우리 땅 걷기 신정일 인도자는 30여 년 동안 두 발로 산천 곳곳을 누비는 향토문화연구소장이다.

남강 두 번째 길

언제나 헤어질 땐 "길 위에서 만나요"라 한다. 듣고 보아도 꼭 맞는 인사다. 개개인의 사정이 있어 한동안 보이지 않던 사람들도 만난다. 쉬다가 길을 나서고 싶으면 길 위에 선다.

산청군 생초면 대궁리 문익점의 면화 시배지인 단성을 둘러보고 불교의 대덕 성철스님이 태어난 곳에 왔다. 이 물 맑고 산 높은 곳에 태어나 무엇을 어떤 회답을 더 찾으러 해인사로 가셨나 의문 하나 던지며 강을 따라 걷는다.

첫 번째 걷기 때 힘들게 손을 잡고 하루 종일 수고해 주었던 햇살 바람은 보이지 않는다. 길 위의 사람 뜻 그대로다. 제법 봄기운이 감돌고 비닐하우스 속에서 빨간 딸기를 한 대야 사서 나눠 먹는다. 우리는 보이지 않으면 궁금하고 가끔 보아도 낯설지 않은 사람들이다.

어느덧 정기회원들 간에는 피를 나눈 형제간보다 친숙하게 지낸다. 동료도 아닌 경쟁의 상대도 아닌 취미가 같다는 것이 얼마나 끈끈한 정으로 묶어 놓았는지 젊은이들이 참 부럽다.

대구의 치과 의사는 우리가 경상도만 간다 하면 밤을 달려 와인, 맥주, 과일 등을 차에 가득 싣고 달려와서 합류한다. 처음 몇 해는 혼자 오더니 이제는 부인을 대동하고 온다. 대리운전까지 해 주는 우리 땅 걷기 왕팬이 되었다.

그 이유 중 하나는 신정일 인도자의 끊임없이 쏟아져 나오는 명강의에 모두가 감복하며 따라 걷는다. 베토벤 몇 번 하면 어느 장르에 어떤 곡이 흐르며 명시들을 1절에서 3절까지 다 외우는지 낭송을 하려면 얼마나 외워도 틀릴까 조바심을 내는데 우리 모두는 감탄한다.

어릴 때 술을 좋아한 아버지 덕분에 16세 되던 때 제주도로 건너와 막노동을 하면서 힘들게 번 돈으로 테이프를 사서 클래식 음악을 들었단다. 독학으로 한자면 한자, 명언이면 명언, 그 해박한 지식과 신통력에 우리 모두는 감동하며 길을 따라 걷는다.

조선시대 문인 이덕무를 떠올리게 한다. 철학자 칸트와 톨스토이를 불러내어 논쟁을 시키는 인도자의 설명을 들으며 강길을 걷는다.

    돌부리 막히면 회돌아서
    풀잎의 눈물도 더해진다

길 위의 상처 비벼 넣어 길을 낸다

자갈에 옥색 실타래 풀어놓았다
그건
강의 시작이며 모든 길의 아픔이다
아픔은 흐르는 것이다

– 시 〈경호강물〉 일부

　어느새 의령까지 왔다. 예로부터 살만한 곳이라는 뜻을 지니고 있는 곳이다. 이 고을 지나는 남강변에는 솥처럼 생긴 정암鼎巖 바위가 있다. 한 노인이 이곳에서 30리 내외에는 국부國富가 2명 나올 것이라 했다. 지가서地家書에서 말하는 "명당 앞에는 천년을 마르지 않는 물이 있으며 재물도 천년을 쓸 수 있다." 그것을 입증하는 삼성과 럭키(엘지) 두 재벌이 나왔다.
　의령군 지정면 시댁 선산에 성묘 갈 때 다리가 놓이지 않아 배에 버스를 싣고 가서 하루에 한 번 마을 곳곳을 돌아다녔다. 군에서 산도山道를 낸다며 요청해 와서 임야를 기부했다.
　이곳에서 30여 리 떨어진 마을에서 그들은 보통학교를 함께 다닌 죽마고우다. 멀지 않은 함안에 효성그룹 창업자 생가도 있다.

남강 세 번째 길

정암나루를 지나는 이곳은 홍의장군(곽재우)이 임진왜란이 일어나자 집안 하인 13명과 함께 의병을 일으켜 붉은 옷을 입고 싸움에 임했던 곳이다.

"정암 사공아 뱃머리 돌려라
우리 님 오시는데 마중 갈까나
아이고 데고 성화가 났네."

뱃노래 한 수 떠올리며 진주로 향한다. 영남 제일의 경치 진주성에 도착했다. 성 아래로 긴 강이 흐르고 강 위에 말뚝을 포갠 듯이 우뚝 솟아있는 촉석루矗石樓, 누각 아래는 큰 평야가 펼쳐져 있고 강물은 치마 주름같이 띠를 두르고 흐르고 있다. 깎아지른 절벽이

서남쪽을 두 동강 내며 서 있다.

어린 중학생 때 진주 개천문화예술제 백일장 행사에 선생님이 데리고 왔던 까마득히 잊어버린 기억이 나를 흔들어 깨운다.

촉석루는 임진왜란 3대 대첩 중의 하나인 진주성 싸움의 현장이다. 전쟁시는 지휘본부로 평시엔 과거를 치르는 곳이다. 논개의 지난번 지리산 둘레길 걷다 장수군 주촌의 생가에 가서 보았던 논개의 일생을 되짚어 본다.

할아버지가 함양군 서상면에서 재를 넘어 전북 장수군 대곡리 주촌에 서당을 열었다. 아버지를 여읜 어린 논개를 부잣집 민며느리로 보내려는 작은 아버지를 피해 어머니와 도망가던 모녀를 재판정에서 장수부사 김경회가 사안을 파악하여 무죄로 인정하고 오갈 데 없는 모녀를 관아에 머물게 하였다.

부임지마다 수발을 들던 18세의 논개를 소실로 맞이하여 처음으로 소실을 족보에 실었다. 김경회 장군이 진주성 싸움에서 장렬히 전사하였다.

1593년 6월 왜군들이 승전의 술판을 벌일 때 촉석루 난간 바위 아래 서 있는 논개의 자태를 보고 범하려고 달려온 일명 신의칼 장수를 반기는가 싶더니 왜장을 껴안고 푸른 남강으로 몸을 날렸다.

강물은 오늘도 말없이 흐르고 촉석루에서 '논개' 변영로의 시 한 소절 "강낭콩보다 더 푸른, 아릿답든 그 아미蛾眉 높게 흔들리우며"를 조용히 읊어본다.

낙동강 개비리길을 걷다

경남 창녕군 남지 하구 남지철교 밑에는 삼각지 회수가 돌며 물살이 세다. 6.25 한국전쟁 때 중공군 탱크가 몰려와 캄캄한 밤중에 다리를 끊어 적군을 물속에 빠뜨린 철교다. 이음새 흔적이 역사의 산물로 그때를 말해 주고 있다.

회수가 도는 절벽에는 산개나리가 곱게 피어 로렐라이 언덕과 비유되기도 한다. 방학이면 조카, 사촌, 동갑내기인 우리는 아슬아슬한 절벽을 돌아 탐스럽게 핀 산나리꽃을 그림의 떡으로만 꺾어 보지도 못하고 뭉쳐 다녔다.

그렇게 많이 다녀도 개비리길이 있는 줄은 몰랐다. 사람은 좁아서 다닐 수 없어 개만 다닌다고 하여 붙여진 이름이다. 한 사람씩 열을 지어 절벽을 끼고 돌아가니 어떻게 다녔는지 꽤 넓은 폐가가 두 채나 있다. 사람 흔적이 드문 이곳에 산나리와 환산 덤불 여름

낙동강 남지 개비리길

꽃들이 우거져 있다.

한참을 걸어 나오니 넓게 만들어진 제방길에 자전거 동호인들이 달리고 있다. 유유히 흐르는 강물은 푸른 이끼를 가득 실었다. 녹조가 생긴 것인데 4대강 사업을 탓하는 사람 누구는 더운 날씨에 온도가 올라간 탓이라 한다.

그러거나 말거나 비만 오면 모내기해둔 벼와 수박을, 태풍이 오면 영글어 가는 벼를 다 쓸어가 버렸다. 물을 담아 지금은 벼가 자리를 잡고 벼와 수박이 잘 영글어 가고 있지 않느냐? 이것저것 다 버리고 내 유년의 그때처럼 강물아 흘러 가거라.

'빤질한 은결의 강물' 김영랑의 "끝없는 강물이 흐르네"라는 시 구처럼 나의 유년이 강물 위에 흐르고 있다.

중학교 모교가 있는 영산으로

6.25 한국전쟁 때 낙동강 박진전투에서의 승전비가 세워져 있던 곳에 눈길이 머문다. 승전비는 군소재지가 있는 창녕으로 옮겨갔기 때문에 늘 아쉬워한 곳이다. 객지에서 공부하다 방학이면 역사 과목을 가르쳐주신 아버지 같은 하봉주 선생님을 뵈러 가면 환하게 웃으며 맞아주시던 곳이다.

영축산과 함박산이 양축을 이루며 고을을 지키고 있다. 독립정신이 투철한 이곳 사람들은 마산 갈 때도 항상 일본 순사가 따라붙었다. 면소재지인 이곳 이름을 영창이라 부르기도 한다. 3.1운동 때는 남산에서 먼저 횃불이 오른 뒤 서울 남산에서 횃불이 타올랐다.

지금도 삼일절 행사가 성대히 열리고 있으며 영지못의 정자는 보는 것만으로도 항상 꿈의 동산이었다. 오늘 와보니 작은 물 위

동산에 갈 수 있도록 다리를 연결시켜 놓았다. 오리가 아장아장 걸어 올라와 햇볕을 쬐고 있다.

고려 말기에 새로운 세상을 열다가 비운의 죽임을 당한 신돈의 고향이기도 하다. 국운을 진작시키기 위해 공민왕의 간곡한 부탁으로 사부가 되었다. 전민변정도감田民辨整都監을 설치하여 부당하게 빼앗긴 토지를 원주민에게 돌려주고 노비로 전락한 사람을 양민으로 환원시켰다.

중놈이 나라를 망친다며 일어난 기득권 권력자들과 공민왕의 배반으로 1371년 수원 유배지에서 죽임을 당한 한恨 맺힌 울음소리가 들려오는 것만 같다.

돌로 만든 아치형 만년교 다리와 6.25 한국전쟁 혼령비만 그날을 지키고 있다. 옛것은 그대로인데 동무들은 객지로 다 나가고 낯선 사람들만 마을을 지키고 있다.

영지못 옆에는 사진관이 있었다. 춘추복이 없던 그때 신입생인 나는 세라복을 입고 다녔다. 세라복 속에서 환히 웃던 사진이 걸려 있던 사진관을 찾아도 간데없다.

더더욱 불교신자이셨던 교장선생님과 선생님들의 '벤허' 영화감상을 놓고 보느냐 마느냐를 초조하게 기다렸다. 다행히 공립학교라 선생님들의 주장이 받아졌다.

늦은 영화상영을 보고 나오니 막차가 끊겼다. 우리 마을에는 여학생이 나 혼자였다. 나를 기다리고 있던 남학생들과 밤길을 걸었던 내 어린 날의 꿈들이 하늘하늘 춤을 추며 날아간다.

도동서원으로

신돈스님이 죽임을 당한 후 흔적도 없이 사라진 옥천사지를 둘러보고 개혁이 얼마나 무서운가를 생각해 본다.

환원당 김굉필이 1474년 김일손, 정여창과 함양군수 김종직을 만나 그의 문하에서 성리학 일가를 이룬 도동서원 마루에 앉아 신정일 선생님의 강의를 듣는다.

엄마를 따라 여름 걷기 학교에 동참한 초중고생 저들의 까만 눈빛들은 설명을 들으며 역사를 배우고 꿈을 키워간다. 일반 사람들이 찾기 힘들다는 곽재우 장군의 묘소를 찾아간다. 바로 도동서원에서 얼마 떨어져 있지 않은 홍의장군을 잊어버리고 요즘 열사니 뭐니 하는 풍경이다. 붉은 옷 대신 하얀 으아리꽃 덮고 고요히 잠들어 계신다.

장군은 하왕산성에서 왜구 수천 명을 무찔렀다. 조정에 상소를

김굉필의 도동서원

올려 당쟁에 휘말려 있던 어지러운 나라를 바로 잡으려 했으나 받아들여지지 않았다. 조정에서 몇 차례 벼슬을 내렸지만 "고양이는 쥐만 잘 잡으면 할 일이 없다"고 한 장군의 묘소를 내려오는데 지금 여의도에선 무슨 일이 일어나고 있는가?

    돌멩이 담았던 아낙네 앞치마에
    하얗게 핀 으아리꽃 담았다

    벼슬도 마다하신
    님의 무덤가에

    으아리꽃 화관 만들어
    님께 월계관 씌워드린다

              – 시 〈홍의장군〉 일부

병산서원屛山書院과 하회마을로

강물 위에 동그랗게 뚫린 철판다리는 걷는 재미를 더해 준다. 마을을 휘돌아 나가는 강물은 장마 때는 마을을 덮칠 것 같다.

대원군이 서원 철폐령를 내렸을 때도 그대로 남았다는 병산서원을 찾아간다. 영의정을 지낸 서애 류성룡이 후학을 가르친 학문의 전당에 들어서니 수령 380년도 더 된 배롱나무가 늠름하게 세월을 버티고 서 있다.

유생들은 저 나무를 보면서 시간과 계절의 바뀜을 알았으리라. 만대루에 앉아보니 잔잔한 모래가 발을 간질일 것 같은 백사장과 강물을 건너서 바라다보이는 절벽은 마치 병풍을 둘러친 풍경화 한 폭이다. 얼마나 아름다웠으면 두보의 시 "백제성류중 푸른 절벽은 저녁 무렵 마주하기 좋으니"라는 구절에서 이름을 따왔단다.

입교당에서 글을 읽었다는 이백여 명의 유생들은 이 만대루에서 눈앞의 경치를 보며 시를 읊으며 머리를 식혔을 것이다. 절벽의 풍경을 뒤로하고 강물에 발을 담그니 이 또한 길을 걸으면서 얻는 유일한 즐거움이다.

빤히 보이는 하회마을로 간다. 배에 구멍이 나면 가라앉듯 이곳은 우물을 파지 않는다. 골목골목 평민이 살았던 한옥을 돌아보고 엘리자베스 여왕이 들렀던 북촌댁을 둘러본다.

마을을 지나 만송정 숲속에서 바라본 절벽은 전설에서나 나오는 한 장면 같다. 지친 발걸음을 솔숲 풀밭에 앉아 쉬고는 돌아서 나와 입구에 도착하니 하회탈춤 공연이 막 시작되고 있다.

몇 개의 색깔로 계절을 건디는 나무들처럼
누구나 가면 하나쯤 마음에 걸어두고 산다

역지사지易地思之 되어
긴 장죽 입에 물고 호령하는 하인

자리바꿈은 탈의 근원이다

— 시 〈탈〉 일부

허울 좋은 지체만 자랑하는 양반들과 속빈 지식계급인 선비와 파계승에 대해 신랄한 야유와 함께 비판하는 굿이다. 탈 하나로 봉건사회 서민들의 애환을 담아내고 양반들에서 꾸중을 내리는 멋진 한판 굿을 보고 나오는 발걸음은 유난히 가볍다.

섬진강을 걷다

　섬진강 매화꽃이 피면 온 마을에 때아닌 눈송이 같다. 강길을 따라 피아골까지 가는 길에는 옛날 방식을 고수하면서 재첩을 채취하고 있다. 매화꽃이 빗물에 쓸려갈 것만 같아 자세히 보니 매화수석이다. 가던 길을 멈추고 강가에 내려와 매화수석 한점 집어본다. 퇴계 이황은 죽는 날 아침에도 "매화분에 물 주어라" 하며 매화꽃을 사랑한 선비다.
　김용택 시인의 "매화꽃이 환장하게 흐드러졌네" 중 "그대 오신 다기에 매화더러 피지 말라" 한 시 한 소절을 떠올리며 걷는다.
　화개를 가장 아름답게 표현한 김동리 소설 '역마'에서 성기가 엄마에게 엿판 하나 만들어 달라 하면서 방물장수가 되겠다 한 곳이다. 전라도와 경상도의 물산이 만나 흥정이 이루어진 중요한 장터다. 하동에서 광양으로 건너가는 다리 위에서 섬진강과 하동 송림을 바라본다. 소나무 그늘에서 신라와 백제의 사신들이 모여앉아 군사동맹을 맺은 장소다.

동학란 때 섬진강 강물에 빠져 죽은 자만 삼사천 명에 이르렀다. 살아남은 자들은 지리산으로, 백운산으로 들어가 화전민이 되었으리라. 그들의 눈물이 매화꽃과 남해바다로 흘러갔을 것이다.

1862년 동학을 창시한 수운 최제우가 겨울 남원 땅에 발을 내디딘 이곳은 경상도와 전라도가 서로 길을 터주며 왕래하며 살아갔던 화개장터다. 호우 때 다 쓸려가 버린 허허한 장터에 4대강 반대 환경운동가들은 무어라 답할 것인가?

섬진강 매화꽃 축제

질마재 고개를 넘다

　서정주 시인의 고향으로 간다는 설렘은 우리를 한껏 들뜨게 한다. 붉은 황토 질척한 질마재 땅김으로 그 절묘한 시어들이 나온 걸까. 복분자의 향긋한 냄새가 코를 찌른다. 이곳 사람들은 고무땡왈이라 부르는 검은 딸기다. 술로 담가 먹으면 요강이 넘어진단다. 요강단지와 흡사해서 복분자라 불린다.
　산들바람이 불어오는 산마루에 앉아서 "애비는 종이었다"를 읊조렸는데, 밤이 깊어도 애비는 오지 않았다. 얼마나 진솔하고 확신에 차 있으면 아버지의 치부를 다 드러낼 수 있었을까.
　"스물세 해 동안 나를 키운 건 팔할이 바람이다", "세상은 가도 가도 부끄럽기만 하더라"는 시인의 고백에 너는 언제 잠을 설친 적이 있었느냐 자책하며 걷는 발걸음이 천근이다.

선운사 상사초

선운사 상사초는 하얀거 끝난 밤
부처님 목탁소리에 눈뜬다

꽃과 잎이 만나지 못한 선홍의 파리한 대궁이
외줄기 바람으로 피어난다

– 시 〈상사초〉 일부

하늘에 제사 지내던 고인돌을 찾아간다. 오백여 개의 남방식 고인돌은 하나씩 번호를 달고 제 이름인 양 앉아 있다.

진도로

　이순신 장군이 잠을 설쳤다는 곳 울돌목의 청소년 수련관에 도착했다. 때마침 가창오리의 군무가 펼쳐진다. 땅에는 우리 땅 대열이 하늘에는 새해 임진년을 맞을 흑룡퍼레이드다. 전라우수영 국민단지 정문에 들어서니 사방은 어둠으로 차오고 밤물결 소리가 심상치 않다.
　오늘 밤은 제야의 종소리에 맞춰 임진년을 맞아 손에 촛불 하나씩 들고 소원을 빌고는 새날을 맞는다. 바람에 흔들리는 촛불 아래서 나는 시낭송을 하였다. 제각기 장기자랑을 하고는 방으로 들어와 새날을 맞이한다.
　처음 보는 구면인 회원도 금방 친구가 된다. 사방은 어둠으로 자욱한데 진도대교만이 바다를 지키고 서 있다. 새벽 미명의 울돌목 바다에서 이순신 장군의 고뇌에 찬 숨소리인가 바다도 운다고 명

량대첩이라 했었나?

    우수영 물살은 그대로인데
    임 그리는 마음 그대로인데

    수루에 혼자 앉아 큰 칼 옆에 차고 있었던
    그 밤은
    온전한 임의 밤이었습니다
                  - 시 〈우수영에서〉 일부

  어둠 속 차량들의 불빛만이 흔들리는 다리 밑에서 시큰해 오는 눈시울을 훔치며 숙소로 향한다.

우수영이 있던 자리에 세워진 진도대교

이튿날 아침 진도대교를 건너 인접한 접도 수품마을을 찾아간다. 담 너머에는 진돗개의 고장답게 귀를 쫑긋 세우고 우리 대열이 지나가도 짖지를 않는다.

한참을 걸어서 수품어항에 도착했다. 물빛을 눈에 넣어두고 접도에 우뚝솟은 남산 망산을 오른다. 높이는 163m에 불과하지만 산세가 빼어나고 바다를 끼고 펼쳐진 자연림 속 웰빙 등산길이다.

고개를 하나씩 넘을 때마다 나타나는 바닷길과 깎아지른 암벽에서 군락을 이루며 피어있는 쥐란, 후박나무, 동백 거목은 바다와 어우러져 경이로움마저 든다.

저 우뚝 솟은 산이 해남의 두륜산이라는 신정일 인도자의 설명이다. 산길을 오르락내리락하면서 찾는 우리 땅 도반들이다. 한참 헤매다 힘들게 찾은 길을 내려와 바닷가 바위를 넘어 진도에 호된 신고식을 하고 여정을 접는다.

소록도로

 태풍이 온다는 일기예보 속 문학기행이다. 이웃 조난희는 남편이 위험하다고 가지 말란다. 여행 가면 언제나 날씨가 좋았다며 나는 길을 나선다. 밤을 달려가는 차창 밖은 가늠할 수가 없다. 그렇게 달려 녹도항 선착장에 도착하니 어느새 부슬비로 바뀌었다.
 다들 처음엔 새벽부터 무슨 회냐 하더니 눈 깜박할 사이에 동이 났다. 청정바다에서 난 해초와 삐덕삐덕 말린 생선으로 만든 남도 여인들의 손맛을 잊을 수가 없다.
 섬 모양이 어린 사슴을 닮았다는 소록도로 향한다. 그런데 한센병 환자들의 슬픈 눈망울과도 닮지 않았을까 하면서 섬을 올라간다. 바다로 둘러싸인 이곳에서 얼마나 세월을 죽이며 살았을까. 정문에는 하얀 사슴이 그려져 있다.
 문드러진 손으로 큰 돌을 옮기고 나무를 심고 가꾼 중앙공원을

하나이 원장 창덕비

눈시울을 적시면서 둘러본다. 착한 사람에게만 나타난다는 상상의 흰사슴처럼 저들의 떨어져 나간 손가락 발가락이 다시 돋아나오길 소원하며 그려진 것이란다.

1916년에 세워진 자혜의원 옆에는 2대 '하나이' 일본인 원장을 기리는 비석이 세워져 있다. 그는 창씨개명을 강요하지 않았으며 대부분 기독교를 믿는 이들을 인정해 주며 신사참배도 강요하지 않고 인격적으로 대하였다고 한다.

하나이 원장을 기리기 위해 뭉그러진 손으로 돌에 한 자 한 자 새긴 기념비다. 일제 잔재를 없애 버리겠다는 정부의 방침에 이 비석을 옮겨서 숨겨놓았다가 서슬 퍼렇던 감시가 지나갔을 때 다시 제자리에 갖다 놓았다. 새벽까지 내리던 부슬비도 이들의 슬픔을 아는지, 비를 맞으며 추척추척 걷는다.

부모와 자식을 격리시켜 아이는 미감아보호소에서 자라다가 수탄장愁嘆場에 마주 서서 부모 자식과의 만남이 한 달에 한 번씩 환자지대와 직원지대로 나누어진 안전지대에서 만남이 이루어진다. 아이는 반대쪽으로 서고 부모는 바다 반대쪽으로 서서 행여 불어오는 바람에라도 병균이 옮겨질까 일정한 거리를 두고 커가는 자식들을 바라만 보았다고 한다.

한하운의 시 "나는 나는 죽어서 파랑새 되리"를 읊어본다. 이 슬픈 사연을 뒤로하고 낙안읍성으로 가는 버스에 오르니 차창에 햇볕이 내리쬔다.

낙안읍성의 집들은 용인 에버랜드와 흡사하다. 여기는 집집마다 사람이 살고 있다. 왜적 침입을 막기 위해서 절제사 김민길(1397년)이 처음 흙으로 성을 쌓았다. 비바람에 견디지 못하여 당시 군수 임경업(1424년) 장군이 돌로 쌓아 지금에 이르고 있다.

사람이 사는 넓은 마당엔 잔디가 깔려 있으며 장독대가 반질반질 윤이 나도록 닦여 있고 사람들은 보이지 않는다. 모두가 낙안읍성에서 엿이나 기념품을 팔기도 한다. 성을 돌아서 나오니 회원들을 맞이하는 막걸리로 성벽 잔디밭에 둘러앉아서 먹는 맛이란, 길 위의 도반들 갈증을 말끔히 씻어준다.

청산도로

밤을 달려 완도 터미널에 도착하니 신새벽이다. 어떤 이는 목욕탕으로 또는 터미널 의자에서 청산도 갈 배를 기다린다. 풍랑이 크게 일어 배 떠날 시간도 확실치 않다. 직원에게 물어봐도 그들도 알 수 없단다. 첫 배는 결항되었다. 그렇게 시간을 죽이고 있는데 출항한다는 안내 방송이 흘러나온다.

배에 오르니 좌석도 없는 마룻바닥에 앉아서 간다. 잽싸게 자리를 넓게 차지한 사람은 누워서 간다. 심한 멀미와 전쟁을 치르면서 한 시간 가까이 걸려서 청산도에 도착했다.

선착장에 내리니 바람의 땅 이름에 버금가는 바람이 등을 밀어주는 길은 한결 쉽게 걸을 수 있다. 불어오는 봄바람에 섬 전체가 파랗다. 바다와 하늘이 다 푸르다 해서 청산도라 이름을 지었다는 이곳에는 청보리 순이 더욱 파랗다.

아시아 최초로 슬로시티로 지정된 섬을 천천히 걸어서 '서편제', '봄의 왈츠' 촬영장에 도착했다. 한 컷 사진으로 우리는 영화의 주인공이 된 기분이다.

청산도 청보리축제

청보리 순인 양
곱게 빗어 내린 바다의 결 같다

달빛과 파도가
너의 삼단 같은 머리채를 키운 것이리라

갈대였으나
한 번도 가을을 만나지 못한 너

- 시 〈청산도 매생이〉 일부

작고 아담한 초가집과 돌담길은 추억의 저편으로 데리고 간다. 누렁이 황소가 저 멀리 바다를 향하여 '음메에' 울음을 운다. 육지에 두고 온 새끼가 그리웠나 보다. 황소 따라 공연히 나 혼자서도 서러워라. 서편제에서 오감으로 혈육인 오빠를 알아보듯 내 어디 심장 깊은 곳에서 잃어버린 나를 찾아 나선다. 마산 조카 결혼식에 참석하러 한복 상자를 들고 먼저 길을 멈춘다.

청산도로

철원 월정역으로

철원 노동당사

 허물어진 노동당사가 남아있는 이곳 어디에선가 짐승처럼 울부짖는 성난 울음소리가 들려올 것 같다. 흉흉한 건물에 어디서 새 한 마리 날아와 터를 잡았는지 들풀이 키를 넘어 자라고 있다.
 철원평야를 빼앗기고 김일성이 사흘 밤낮을 울었다는 이곳에 땅굴을 파고 무장공비를 내려보낸 동족상잔의 한恨이 서린 땅이다.
 철의 삼각지 김일성 고지는 한국전쟁 때 가장 치열했던 격전지였다. 월정역에는 달리다 멈추고 부서진 채 고철로 남아있는 열차

한 량이 "철마는 달리고 싶다"라 외치며 멈춰 서 있다.

이북 저쪽 경계인 곳에 고향을 둔 동인의 아버지 이야기를 전해 듣는다.

아버지가 가셔도 그 딸은 전한다
철원 들에서 농사지었던 아버지는 이 땅을 찾아올 것이다

철새는 날아와 벼 이삭 쪼고 있는데
꼭 한 번 낟가리 지게 짐 지고 싶다던 아버지

내 아비는 끝내 가지 못하셨다

– 시 〈철원평야〉 일부

태봉국 도읍지 철원평야에 가을걷이가 끝난 들판에는 쇠기러기가 화려한 군무로 아침을 열고 곤줄박이 암컷은 수컷에게 아양을 떤다. 두루미 가족의 즐거운 나들이다. 새들의 왕 독수리도 저들의 행복한 모습에 덩달아 즐거운 한때다. 한탄강 깎아지른 벼랑 석절천石切川 양쪽에 숭숭 구멍이 뚫려 있다.

후백제와 전쟁을 치르고 온 궁예가 그것을 보고 "아하 내 운명이 다했구나"라 하여 이름 붙여진 한탄강의 아름다운 길을 우리는 걷고 걷는다. 한국의 '나이아가라 폭포'라 알려진 직탄과 승일교 임꺽정의 이야기가 서린 고석정에 앉아 지친 다리를 누인다.

남한산성을 걷다 · 1

꽁꽁 얼어붙은 겨울에 남한산성을 걷기로 한 날이다. 이곳으로 오는 우리 땅 걷기 회원 손님을 맞으러 가는 설렘으로 한결 발걸음이 가벼워진다. 인조 2년(1624)에 산성 축성공사가 시작되어 2년여를 걸쳐서 완공된 성이다. 행궁을 비롯한 인화관, 연무관이 차례로 지어졌다.

성 안쪽은 낮고 평평하지만 바깥쪽은 높고 험하여서 청나라 군사들이 처음 왔을 때는 병기라 해도 날刀을 대보지 못하였다. 수어장대는 조선 16대 임금 인조가 병자호란 당시 45일간 머무르면서 직접 군사를 지휘하고 격려하며 청군에게 항전을 펼쳤던 곳이다.

인조 임금이 성에서 내려와 항복한 것은 양식이 떨어지고 원손 봉림대군과 세자빈이 피신간 강화도가 함락되었기 때문이었다. 인조 본인이 만든 삼전도三田渡에 나아가 청태종에게 아홉 번 절을 하

남한산성 행궁

였을 때 이마에서 피가 낭자하였던 치욕의 현장을 살펴보니 마음이 착잡해져 온다.

  성안은 지금도 바깥에서는 들어갈 엄두도 못 내게 과학적으로 만들어져 있다. 성벽에는 크고 작은 구멍이 나 있다. 총부리의 크기에 따라 구멍의 크기도 다르게 만들어져 있다.

  성을 내려와 허난설헌이 두 아들과 함께 묻혀 있는 묘소를 찾아본다. "애끓는 피눈물이 목에 메인다"는 난설헌의 '곡자哭子'란 시를 생각해 보며 천재 여류시인의 한 많은 생애를 뒤로하고 나온다.

남한산성을 걷다 · 1

남한산성을 걷다 · 2
-오달제吳達濟 묘소를 찾아서

척화파였던 삼학사 홍익한洪翼漢, 윤집尹集, 오달제吳達濟 세 사람의 의기와 충절을 생각하며 오달제의 묘소를 찾아간다. 청나라로 끌려갔던 윤집, 오달제를 끌어내어 청태종이 말하기를 "이들의 죄는 죽어 마땅하지만 특별히 인명의 귀중함을 생각하여 온전히 살펴서 처자를 데려와 살도록 허락하노라" 하였다.

"만일 그렇게 된다면 사는 것이 도리어 죽는 것만 못하다"며 용골대에게 허튼 수작 말라고 호통을 쳤다. 그들은 심양의 서문밖에 끌려가 처형당했다. 지금까지 시신을 찾을 수 없어 평소 지니고 다녔던 요대와 주머니를 무덤에 넣고 모신 오달제 묘소를 둘러본다.

남한산성 무망루無忘樓 돌아보니
충신 이서李曙는

한 마리 매가 되어 푸드득 머리 위 날고

독도는 빼앗겨서는 안 되네
삼학사 한 맺힌 부탁이
귓전을 때린다

― 시〈무망루〉일부

 남한산성을 쌓을 때 충신 이서李曙는 그 당시 외진 이곳에 옷을 들고 찾아온 부인을 호되게 야단쳐서 돌려보냈다는 일화가 남아있다.

목숨보다 충절을 택한 오달제의 묘소

이희숙 문학기행 모음집

문학의 오솔길

•

지은이 / 이희숙
발행인 / 김영란
디자인 / 지선숙
발행처 / **한누리미디어**

•

08303, 서울시 구로구 구로중앙로18길 40, 2층(구로동)
전화 / (02)379-4514, 379-4519
Fax / (02)379-4516
E-mail/hannury2003@daum.net

신고번호 / 제 25100-2016-000025호
신고연월일 / 2016. 4. 11
등록일 / 1993. 11. 4

•

초판발행일 / 2025년 11월 10일

•

ⓒ 2025 이희숙 Printed in KOREA

값 15,000원

※잘못된 책은 바꿔드립니다.
※저자와의 협약으로 인지는 생략합니다.

ISBN 978-89-7969-910-4 03810